- 安徽师范大学特优强专业
——生物科学建设基金资助项目
- 安徽师范大学普通生态学
精品课程建设项目

SHENGTAIXUE SHIYAN

生态学实验

王友保◆主编

安徽师范大学出版社

责任编辑:胡志恒
装帧设计:王　芳　丁奕奕

图书在版编目(CIP)数据

生态学实验 / 王友保主编. —芜湖:安徽师范大学出版社,2013. 8
ISBN 978-7-5676-0923-5

Ⅰ.生…　Ⅱ.王…　Ⅲ.生态学—实验—高等学校—教材　Ⅳ.①Q14-33

中国版本图书馆 CIP 数据核字(2013)第 205889 号

生态学实验

王友保　主编

出版发行:安徽师范大学出版社
芜湖市九华南路 189 号安徽师范大学花津校区　邮政编码:241002
网　　址:http://www.ahnupress.com/
发 行 部:0553-3883578　5910327　5910310(传真)　E-mail:asdcbsfxb@126.com
经　　销:全国新华书店
印　　刷:安徽芜湖新华印务有限责任公司
版　　次:2013 年 8 月第 1 次修订
印　　次:2013 年 8 月第 1 次印刷
规　　格:787 × 960　　1/16
印　　张:10.25
字　　数:195 千
书　　号:ISBN 978-7-5676-0923-5
定　　价:17.50 元

前言

目前，环境、资源、人口等重大社会问题日益突出，在研究和解决这些危及人类生存与发展问题的过程中，生态学得到了很大发展，并成为生物科学中众所瞩目的前沿学科，生态学课程也已成为目前高等院校多种专业的必修或选修课程。然而，和国内版本众多的生态学教材相比，生态学实验教材的更新明显滞后；同时，现有的生态学实验教材所选实验，大多研究周期较长，实验操作复杂，难以应用于大学教学。作为一门应用性很强的实验性学科，实验教材的滞后必然影响着这一课程的教学，也会影响到这一学科的发展，为此我们组织了多位生态学教学一线的骨干教师，编写了这本实验教材。

本教材结合生态学的学科特点，力求简明扼要、通俗易懂。在实验设计上，本书既重视生态学基础理论，也充分展现其应用性。在编写过程中，针对现有实验教材存在的问题，我们特别突出了以下几点：

1. 可行性。选入的实验力求简单，容易操作，特别是在基础性实验中，选入了大量适合大学课堂教学的实验。

2. 应用性。在选择实验内容时，不仅在综合性实验、研究性实验中突出其应用性，在基础性实验的安排上，也充分体现其在科学研究和现实实践中的应用价值。

3. 多样性。教材编写时，尽可能多地选入实验，以扩大其应用范围，有利于各高校根据自身情况，选择使用。

本书结合现有的大多数生态学教材的体系，分基础性实验、综合性实验、研究性实验三个部分。在第一部分基础性实验中，按个体生态学、种群生态学、群落生态学、生态系统生态学等顺序编写，该部分实验内容涉及生态学的基本原理与简单应用，适合大学生态学实验课堂教学选用；第二部分为综合性实验，内容包括生态环境影响评价、自然保护区的设计等，主要为生态学原理在生产实践中的应用；第三部分为研究性实验，包括盐胁迫对植物生长的影响研究、土壤和茶叶样品中铜和锌的含量分析等，主要是为读者提供一个生态学专题研究的范例。

生态学是一门发展很迅速的学科，生态学的实验方法和技术也在不断更新，限于编者能力和水平有限，书中一定存在不足和错漏之处，敬请专家、读者指正。

王友保

2013 年 8 月于芜湖

目　录

第一部分　基础性实验

第二部分 综合性实验

第三部分 研究性实验

第一部分　基础性实验

实验1 生态因子的综合测定

生态因子是指环境中对生物的生长、发育、繁殖和分布能产生直接或间接影响的环境要素。各种生态因子构成生物的生态环境，而生物个体或群体在某一个地段上所占有的生态环境就是它的生境。在长期的进化过程中，植物不仅逐步适应了其所在的生境，而且对其生境能产生某种程度的改造作用。因此，植物与生态因子的相互关系是生态学研究的基本内容之一，并已经在实践中得到广泛应用。本实验通过对光照、温度、湿度、风速、水体、土壤等生态因子的测定，使学生掌握几种常见的生理生态测定仪器的工作原理及使用方法，并通过不同群落或同一群落不同部位生态因子的质量和数量的比较，认识植物与环境之间的相互关系。

Ⅰ.气候因子测定

【实验目的】

(1)掌握温度计、通风干湿表、照度计、风速表的使用方法和构造；

(2)掌握温度、湿度、光照、风速的测量方法和记录修订方法；

(3)掌握群落小气候观测的基本方法及资料整理分析的技术。

【实验器材】

温度计、通风干湿表、风速表、照度计等。

【实验步骤】

1. 地段的选择和测点的设置

当地的自然地理条件(如地形、植被和土壤分布等)对群落小气候特征的影响很大，在选择群落小气候观测地段时，必须充分考虑这些因素。观测地段要具有代表性和比较性，还要具有一定的面积。

基本测点应设置在地段的中央，因为地段中央受周边环境影响最小，代表性最好。各测点与地段边缘的距离均应在 2m 以上，若地段性质与周围环境差别较大或地段周围人为影响很大(如附近有公路、沟渠等)时，则测点与地段边缘的距离要加大 3 ~ 5m。

2. 观测时间的选择

全天连续观测一般每两小时观测一次，能够反映出全天内的降温和升温的完整过程。

3. 观测程序

群落小气候的观测程序要根据观测内容和观测项目自行编制。由于在一个测点上往往有较多的观测项目，所有的项目观测一遍，往往需要较长的时间，从而出现各项数据不在同一时刻的情况，失去了观测数据的时间代表性。为了消除时间误差，群落小气候观测一般采用往返观测法，各观测项目的数据均取正点前后两次观测记录的平均值，使各个观测项目的观测时间都统一平均到正点时间上。

如果一个人要同时观测几个测点，则应以正点为对称时间，采取测点往返观测法，各测点的各观测项目的数据均取前后两次观测记录的平均值。若有三个测点，则观测的顺序为：1→2→3→3→2→1。

本次实际操作中，多人配合，可以做到同时观测，不必采用往返测量。

附：几种仪器的使用方法

1. 照度计

测定太阳辐射强度（单位为 lx, umol m^{-2} s^{-1}）一般采用照度计（国产有 ST80A 型、ZF2 型），它是利用光电原理制成的。光电池具有一个氧化层，在光的作用下，从那里放出电子，只要用一个低电阻的电流表把金属膜和金属基部相连接，就会发出一个与光强度成正比的电流。这种电池对 300 ~ 700nm 的光是灵敏的，而且具有反应迅速、不需要外接电源等优点。

测定时，在照度计的电池槽内装上电池，把光电头插头插入仪器的插孔，打开开关及探头盖，照度计的显示屏上显示读数，待数字稳定后，把光敏探头置于欲测光源处，便可读数。显示屏的读数分 4 档，每档相差 10 倍（单位为 lx）。

2. 温度计

常用的温度测量仪主要有以下四类：

（1）玻璃液体温度计。一般分为两类，一是水银温度表，如普通温度表、最高温度表等；另一类是利用有机液体（如酒精）制成的，如最低温度表。玻璃液体温度表用于瞬时测定，灵敏度较高。

（2）自记温度计。这是利用双金属片热胀冷缩而变形的原理设计而成的温度计，它不但可以记录某个时间的温度，而且可以知道某段时间内大气温度的变化情况、温度极值（最高温度和最低温度）及其出现的时间。

（3）遥测温度计。主要有遥测通风干湿仪和遥测土壤温度仪两种。前者用于遥测大气温度与湿度，后者用于遥测土壤温度。它们利用导线，把感应温度的探头与显示仪器相连。

由于太阳辐射的时空变化，温度也有时空的变化。群落由于形成独特的群落环境，其温度的空间变化及时间变化均与群落外有显著的不同。

测定气温时，把温度计置于欲测的地方，数分钟后，便可读数。

(4)土壤温度计。土壤温度计的原理与构造与一般的水银空气温度计相似，所不同的是土壤温度计一端弯曲，以便读数。土壤温度计有不同长短的一组温度计组成，以测定不同深度的土壤温度。测定时，在土壤表面挖不同深度的小坑，把不同深度的温度计埋至不同的深度(注意温度计的底部与地表平行)，把土填回，用手压实，一小时后便可读数。

3. 通风干湿表

空气湿度可用通风干湿温度计测定。通风干湿温度计分干球温度计和湿球温度计，前者用于测定气温，后者用于测定大气湿度。测定时，在湿球温度计下端的水槽中注满水，在温度计的探头上绑上纱布，把纱布的另一端放进水槽中，然后把温度计置于欲测的地方(注意要置于空气流通处)。由于水分蒸发吸收热量，湿球温度计的温度将较干球温度计的温度低，从两者的温度差反映出空气的湿度。几分钟后，分别读取干球和湿球的温度，根据干球温度和湿球温度的大小及两者的温度差，从温度计后面的表中，便可查出相对湿度的大小。

空气湿度通常用相对湿度表示。相对湿度是指在一定的温度下，空气中的实际水汽压 (e) 与该温度下空气的饱和水汽压 (em)的比率(以百分比表示)，即：

$$\text{相对湿度}=(e/em)\times 100\%$$

4. 风速表

将数字式风速测定仪或手持风速测定仪放置距地面 0.5m 和 1.5m 处，记录风速，注意不同高度风速的变化。

Ⅱ. 溶解氧的测定

【实验目的】

了解水中溶解氧含量测定的原理与方法。

【实验原理】

水中溶解氧的测定，是根据碘量法中的氧化与还原反应。

在水样中加入硫酸锰(或氧化锰)及碱性碘化钾溶液，使生成氢氧化锰沉淀。此时氢氧化锰性质极不稳定，迅速与水中溶解氧化合生成锰酸锰。

$$4MnSO_4+8NaOH\rightarrow 4Mn(OH)_2\downarrow +4Na_2SO_4$$

$$2Mn(OH)_2\downarrow +O_2\rightarrow 2H_2MnO_3\downarrow$$

$$2H_2MnO_3+2Mn(OH)_2\rightarrow 2MnMnO_3\downarrow+4H_2O$$

（棕色沉淀，溶解氧越多颜色越深）

加入浓硫酸，使已经化合的溶解氧（以 $MnMnO_3$ 的形式存在着）与溶液中所加入的碘化钾起氧化作用而析出碘，溶解氧越多析出的碘也越多，溶液的颜色也就越深。

$$4KI+2H_2SO_4\rightarrow 4HI+2K_2SO_4$$

$$2MnMnO_3+4H_2SO_4+4MnSO_4+2I_2+6H_2O$$

最后用移液管取一定量反应完毕的水样，以淀粉作指示剂用硫代硫酸钠标准溶液滴定，计算出水样中溶解氧的含量。

$$4Na_2S_2O_3+2I_2\rightarrow 2Na_2S_4O_6+4NaI$$

【实验试剂】

（1）浓硫酸：分析纯，比重为 1.84。

（2）硫酸锰溶液：溶解 480g 分析纯硫酸锰（$MnSO_4\cdot 4H_2O$）或 400g 氯化锰（$MnCl_2\cdot 2H_2O$）于蒸馏水中，过滤后稀释成 1L（配成的溶液与碘化钾及硫酸作用应不会生成游离碘）。

（3）碱性碘化钾溶液：溶解 500g 分析纯氢氧化钠于 300~400ml 蒸馏水中（如氢氧化钠表面吸收二氧化碳生成了碳酸钠，此时有沉淀生成，可过滤除去）。另外再溶解 150g 碘化钾或 135g 碘化钠于 200ml 蒸馏水中。然后将两液合并，并加蒸馏水稀释至 1L。

（4）淀粉溶液：称取可溶性淀粉 2g 置于 300ml 的烧杯中，加入少量蒸馏水用玻璃棒调成糊状后，加煮沸的蒸馏水约 200ml，冷却后再加入 0.25g 水杨酸或 0.8g 氯化锌以防止其分解变质。

（5）硫代硫酸钠标准溶液 0.02500N：溶解 6.2g 分析纯的硫代硫酸钠（$Na_2S_2O_3\cdot 5H_2O$）于煮沸放冷的蒸馏水中，加入 0.2g 无水碳酸钠，然后移入 1L 的容量瓶中，并加蒸馏水至刻度。为防止分解，可加入氯仿数毫升。储于棕色瓶内。用前按下法标定：

①重铬酸钾标准溶液 0.02500N：精确称取在 105~110℃烘箱干燥的分析纯重铬酸钾 1.2258g，溶于蒸馏水中，然后移入 1L 的容量瓶里，稀释至刻度。

②用 0.02500N 重铬酸钾标准溶液，标定硫代硫酸钠标准溶液的当量浓度。在 250ml 的锥形瓶内，加入 1g 左右固体碘化钾及 50ml 蒸馏水，用滴定管加入 15ml0.02500N 的重铬酸钾标准溶液及 5ml6N 硫酸，此时生成下列反应：

$$K_2Cr_2O_7+6KI+7H_2SO_4\rightarrow 4K_2SO_4+Cr_2(SO_4)_3+7H_2O+3I_2$$

在暗处静置 5min 后，用滴定管加入硫代硫酸钠溶液，至溶液变成浅黄色时加入 1ml 淀粉溶液，并继续滴定至蓝色刚褪去为止。记录用量。当终点到达蓝色褪去后，此时溶液因含有三价铬离子应呈浅绿色。标定应同时进行三个平行样品，求出硫代硫酸钠溶液的标准浓度，并校准成 0.02500N。

【实验步骤】

（1）取样，将取样装置投入水体中，待到达所需要的深度时停止下沉，此时水样进入样瓶并赶出空气至大瓶中，待水样进入大瓶并赶出大瓶的空气直至大瓶不再存有空气为止（即水面不再冒气泡）。取出取样装置，将样瓶取下，迅速用玻璃塞盖紧。

（2）取下瓶塞，用移液管插入瓶内液面以下，加入 1ml 硫酸锰溶液。

（3）按步骤 2 的方法加入 3ml 碱性碘化钾溶液。

（4）盖紧瓶塞，把样瓶颠倒摇动，使其充分混合，此时溶液有沉淀物生成。

（5）待沉淀物下降至半途，再颠倒摇动混合一次，静置数分钟，使沉淀物重新下降至半途。

（6）用移液管沿瓶口插入液面下加入 1ml 浓硫酸，盖紧瓶塞，颠倒摇动使其混合，待沉淀物全部溶解后，于暗处静置 5min。

（7）用移液管取出 100ml 静置后的水样，放于 250ml 的碘瓶内，用 0.02500N 的硫代硫酸钠标准溶液滴定，至溶液颜色变为浅黄色时，加入 1 ml 淀粉溶液，继续滴定至蓝色恰好褪去为止。记录用量（用量以 V 表示）。

（8）溶解氧（O_2，毫克 / 升）$=\dfrac{V\times 0.02500\times 8\times 1000}{100}$

【注意事项】

用硫代硫酸钠标准溶液滴定水样时，如到达终点后溶液蓝色在 30s 内没有返回，这是正常现象。如到达终点后蓝色立刻返回，说明水中可能含有亚硝酸盐，因 $2I^-+2NO_2^-+4H^+\rightarrow 2H_2O+2NO+I_2$。此时可在用浓硫酸溶解沉淀物之前，在水样瓶中加入数滴 5%叠氮化钠溶液，也可在配制碱性碘化钾溶液时，1%叠氮化钠与碱性碘化钾同时加入，消除亚硝酸盐的干扰。其作用如下：

$$2NaN_3+H_2SO_4\rightarrow 2HN_3+Na_2SO_4$$

$$HNO_2+HN_3\rightarrow H_2O+N_2+N_2O$$

Ⅲ. 土壤水分的测定

【实验目的】

土壤水分含量测定有两个目的：一是了解田间土壤的实际含水状况，以便及时进行灌溉或排水，以保证作物的正常生长；二是作为各项分析结果计算的基础。

测定田间土壤实际含水量的方法很多，所用仪器也不同，这里重点介绍风干土样水分的测定。

【实验器材】

土钻，土壤筛（孔径 1mm），铝盒，分析天平，电热恒温烘箱，干燥器（内盛变色硅胶）。

【实验步骤】

1. 土样的选取和制备

（1）风干土样。选取有代表性的风干土壤样品，压碎，通过 1mm 筛，混合均匀后备用。

（2）新鲜土样。在田间用土钻取有代表性的新鲜土样，刮去土钻中的上部浮土，将土钻中部所需深度处的土壤约 20g，捏碎后迅速装入已知准确质量的铝盒内，盖紧，装入木盒或其他容器，带回室内，将铝盒外表擦拭干净，立即称重测定水分。

2. 风干土样水分的测定

取铝盒在 105℃恒温箱中烘烤约 2h，移入干燥器内冷却至室温，称重，精确至 0.001g。用角勺将风干土样拌匀，舀取约 5g，均匀地平铺在铝盒中，盖好，称重，精确至 0.001g。将铝盒盖揭开，放在盒底下，置于已预热至 105 ± 2℃的烘箱中烘烤 6 ~ 8h。取出，盖好，移入干燥器内冷却至室温，立即称重。风干土样水分的测定应做两份平行测定。

3. 新鲜土样水分的测定

将盛有新鲜土样的铝盒在分析天平上称重，揭开盒盖，放在盒底下，置于已预热至 105 ± 2℃的烘箱中烘烤 12h。取出，盖好，在干燥器中冷却至室温，立即称重。新鲜土样水分的测定应做 3 份平行测定。

4. 结果计算

水分（干土 1%）=（烘干前铝盒及土样质量－烘干后铝盒及土样质量）/（烘干后铝盒及土样质量－烘干空铝盒质量）× 100

【作业】

总结各仪器的使用方法、使用注意事项；分析影响测定结果的因素。

（张　杰）

实验 2　不同生态类型植物气孔的比较观测

【实验目的】

(1)通过显微观察,比较不同生态类型植物的气孔数目及密度,认识不同植物对环境的适应;

(2)通过浸润法,了解植物的气孔在一天中不同时间的开闭状况,认识植物的气孔对环境因子变化的反应。

【实验材料】

(1)阳生植物:柳、槐、杨;阴生植物:酢浆草、半夏。

(2)水生植物:芦苇、香蒲;湿生植物:秋海棠、水稻;中生植物:蚕豆、小麦、羽茅、麻黄。

【仪器药品】

显微镜、显微镜测微尺、镊子、毛笔、载玻片、盖玻片、滴瓶、火棉胶、乙二醇、异丁醇。

【实验步骤】

1. 叶外形与气孔数目及密度的测定

(1)每种实验植物选定三株,在每株上选三片健康的叶片,用毛笔将火棉胶分别涂在选定的叶片的上表皮和下表皮上。

(2)数分钟后撕下火棉胶膜,置于显微镜下计算视野中气孔的数目(根据实际情况选用低倍镜或高倍镜),移动载玻片在膜的不同部位进行 5 ~ 6 次计数,求其平均值。

(3)按同样方法,依次观测每种实验植物的每个选定植株上选定叶片的上表皮和下表皮。

(4)用物镜测微尺量得显微镜视野的直径,则其半径 r 为已知,按公式 $S=\pi r^2$,计算视野面积。

(5)按照所测数据,分别求出每种植物的上表皮和下表皮的气孔密度,以“气孔数 /mm^2”表示。

2. 气孔开闭状况的观测（有条件时的进一步研究）

用乙二醇和异丁醇按不同比例混合可以得出不同黏度的液体。这种不同黏度的液体的表面张力不同，对植物叶片浸润能力也不同。液体黏度越小，浸润力越强，愈易于沿气孔浸润到叶肉内；气孔开度愈大，愈易被液体浸入。反之亦然。因此借助于一组不同浓度的浸润液体系列，可以相对地比较观测气孔的开闭状况。

按表 2-1，分别配制不同黏度的混合液体，盛在滴瓶中，塞好塞子备用。

选定几种植物，如蚕豆、小麦。使用光照培养箱处理植株，按 3 ~ 4 个光照强度梯度和 3 ~ 4 个温度梯度进行处理。测定时，选择健康叶片，往叶子表面滴一滴 I 号液体。（视气孔分布情况滴在叶上表面或下表面，同一植物，按同一操作）有暗绿色小斑点出现，表示 I 号液体已浸入叶内；接着在相邻处滴 II 号液体，如有暗绿色斑点出现，再滴 III 号液体。如 III 号不能浸入，则气孔开度可以 2 表示之；如III 号能浸入，而 IV 号液体却不能浸入，则以 3 表示；如 IV 号稍能浸入，其程度相当于 3 ~ 4 之间，则气孔开度为 3.5。余者依此类推。

表 2-1 样品处理梯度

浸润液编号	Ⅰ	Ⅱ	Ⅲ	Ⅳ	Ⅴ	Ⅵ
乙二醇(%)	10	20	30	40	50	60
异丁醇(%)	90	80	70	60	50	40
气孔开度	1	2	3	4	5	6
	闭←……					……→开

【作业】

1. 总结本实验的注意事项。
2. 根据气孔数目及密度的观测结果，说明不同生态类型植物对环境的适应。
3. 根据浸润法所测得的结果，讨论环境条件对气孔开闭的影响及气孔活动对植物气体交换的影响。

（王友保）

实验 3　不同环境条件对植物蒸腾失水的影响

【实验目的】

了解环境因子对植物蒸腾强度的影响。

【实验材料】

盆栽植物,以蚕豆和小麦等作为测定对象。

【仪器药品】

电子天平,通风干湿表,照度计,秒表,剪刀,弹簧夹,凡士林。

【实验步骤】

(1)在室内,选长势良好的蚕豆植物,在培养箱中按 3 个光照梯度和 3 个温度梯度条件处理植物。同时把天平调零备用。

(2)选择不同条件下的植物待测叶片,将叶片剪下,在切口涂凡士林后,立即在天平上称重(W_1)。然后迅速将叶片放回原处(可用一弹力适中的夹子,将叶片固定在原植物上),使其在原来的环境条件下进行蒸腾,过三分钟,迅速取下该叶片进行二次称重(W_2)。按下式计算蒸腾强度(Tr):

$$Tr=\frac{W_1-W_2}{W_1}\cdot\frac{60}{3}(mg\cdot g^{-1}\cdot h^{-1})$$

式中:Tr——蒸腾强度($mg\cdot g^{-1}\cdot h^{-1}$),$W_1$——被测叶片鲜重(其值等于 W_1 克)。

(3)按上述步骤,重复三次,求平均值。

(4)在测定植物蒸腾的同时,对各种环境条件下的日照强度、空气相对湿度进行测定(可由指导老师统一测定),并作记录。

【作业】

1. 整理实验数据,填表 3–1。

2. 根据实验结果,讨论环境因子对植物蒸腾作用的影响,同时讨论该实验的注意事项。

表 3-1 环境条件对蒸腾作用的影响

植物名称＿＿＿＿＿＿＿＿ 日期＿＿＿＿＿＿＿＿

	处理	Ⅰ			Ⅱ			Ⅲ		
	重复	1	2	3	1	2	3	1	2	3
蒸腾	始重 W1									
	末重 W2									
	失水 W1-W2									
	蒸腾强度									
蒸腾强度的平均值										
光照强度(LX)										
空气温度(℃)										
空气湿度(%)										
备注										

（王友保）

实验4 光照周期对生物的影响

【实验目的】

(1)通过实验,学习并掌握测定光照周期对生物影响的方法和技术;

(2)加深理解光的生态作用。

【实验原理】

所有生物都在昼夜交替中生存和发展,因此,明－暗周期对生命活动起着重要作用。

高等植物生活史一般分为营养生长时期和生殖生长时期。在满足发育所必需的外界条件下,才有花原基的发育和生殖器官的形成,这是植物生活史上的一个重大转折点。影响这个转折点的外界条件主要是温度和光周期。根据对光周期的不同要求,植物可分为长日植物、短日植物和中性植物。在自然光照条件下,人为地给植物以短日照、间断白昼、间断黑夜等处理,可以了解昼夜光照和黑暗的交替及其长度对植物开花的影响。例如,牵牛(Pharbitis nil)是一种敏感的短日植物,在幼苗期如给予一定数量的短日光周期(8h 光照,16h 黑暗为一个短日光周期)即能诱导开花,控制长短不同的光周期则可以调节牵牛开花的时间。

自然界里,许多野生动物的繁殖具有周期性,不同季节日照时间的长短显著影响其性腺活动。如同植物开花与光照有关那样,在温带和高纬度地区,亦可把动物区分为两类:在白昼逐日加长的春夏之际繁殖的动物,例如鼬、水貂、野兔、地鼠和多种鸟类,相当于长日照动物;在白昼逐渐缩短的秋冬季才进入生殖期的动物,如绵羊、山羊和鹿等,相当于短日照动物。在实验室内,用人工缩短每日光照时间的方法,可导致长日照动物(如地鼠)生殖器官显著退化;用人工光照额外延长“白昼”或光周期,能使有些动物在非自然繁殖期中性腺增大,出现繁殖活动。

【实验材料】

牵牛(Pharbitis nil)、菊花(Dendranthema morifolium)、苍耳(Xanthium sibiricum)或其他短日照植物。

【仪器药品】

(1)仪器:温箱,花盆,培养室或可控光照培养箱(能保持黑暗状态),烧杯。

（2）药剂：10%漂白粉溶液。

【实验步骤】

1. 种子萌发及幼苗培育

种子经漂白粉溶液消毒后用清水漂洗干净，加蒸馏水置28℃温箱中1~2昼夜，待种子露出胚芽后播种于花盆土中，一周左右子叶出土。

2. 光周期诱导

取8盆牵牛幼苗，每盆1~2株，分两组（处理组和对照组），每组4盆。将处理组置于培养室或培养箱中，保持恒温26~28℃，自动控制光照，每昼夜光照8 h，黑暗16h。当满足牵牛短日光周期最低需要（7 d左右）后，可使牵牛提前一个月左右开花。对照组在同样条件下控制光照时间，每昼夜光照12 h以上，虽然牵牛幼苗的营养生长比处理组好，但迟迟不能开花。

如果在自然条件下，气温不低于24℃，日照在12 h以上时，则实验可在一般实验室中进行，处理组每天上午8时把盆从暗室搬至光照下，下午4时搬进暗室，也能收到短日光周期诱导的效应。对照组则每天照光12 h以上，同样使开花延迟。注意：牵牛苗放在黑暗中时不能漏光，并需注意通风。

大豆、水稻、苍耳、菊花等短日植物栽培在长日条件（每日18 h以上）下，当大豆幼苗长出第一片复叶，水稻幼苗长出5~6片叶（夜温在20℃以上），苍耳、菊花长到5~8片叶后，即按下述方法给以不同处理，一般情况连续处理10d后即可完成光周期诱导（苍耳只需1~2 d）。

表4-1

处理	处理方法
短日照	每日照光10h（早上7时半至下午5时半）
间断白昼	每日中午11时半至下午2时半移入暗处间断白昼3h
间断黑夜	在短日照处理基础上，于午夜24时至凌晨1时照光1h，以间断黑夜
对照	以自然条件为对照

经上述处理后记下各处理植物的现蕾期，并与对照作比较。

3. 观察、记录

在长日照（18 h以上）下生长的4株短日植物如苍耳、菊花或其他植物，第1株继续以每日18 h的长日处理；第2株以每日10 h的短日处理；第3株下部叶片予以短日处理，用不透光布遮起来，而摘取叶片的顶端则使受长日处理；第4株与第3株作相反处理。观察最后开花情况。记录结果，并加以解释。

【作业】

1. 如果将牵牛置于12 h光照、12 h黑暗中，能否开花？

2. 植物幼苗经不同处理后，有的花期较对照提前，有的花期与对照相当，如何解释？

3. 根据光周期现象的原理，在引种工作中应注意哪些问题？

（储 玲）

实验5 温度胁迫对植物花粉活力和萌发率的影响

【实验目的】

(1)掌握植物花粉活力测定的原理与方法,掌握植物花粉萌发的观察方法;

(2)了解温度胁迫对植物花粉活力和萌发率的影响情况。

【实验原理】

通过对花粉活力的测定,可以了解花粉的可育性,并掌握不育花粉的形态、生理特征。而花粉对温度具有较大的敏感性,通过研究不同温度条件下花粉的活力有助于为农业的增产增收提供科学依据。

有生命活力的种子、花粉等,在呼吸作用过程中,都有氧化还原反应,而无生命活力时,则无此反应。当氯化三苯四氮唑(TTC)进入细胞内,并作为受体被脱氢辅酶($NADH_2$或$NADPH_2$)上的氢还原时,便由无色的TTC变为红色的三苯基甲臜(TTF)。

成熟的花粉落在柱头上能够萌发,长出花粉管。人为地给以适当的条件(温度、pH等)也能使花粉萌发。花粉的萌发和生长情况与植物种类、花粉成熟度、培养条件和气候等有关。

【仪器药品】

显微镜、光照培养箱、恒温培养箱、冰箱、毛笔、镊子、刀片、载玻片、培养皿、烧杯、滴管等。

0.2% $CaCl_2$溶液;

0.5% TTC溶液;

培养基(内含1%琼脂,10%蔗糖,300mg/kg硼酸)。培养基当天配制当天使用,若不是当天使用,需进行高压灭菌。

【实验材料】

南瓜花或丝瓜花。

【实验步骤】

(1)将采集的尚未开放的南瓜或丝瓜花,插入盛有0.2%的$CaCl_2$溶液的大烧杯中，25℃/18℃，14h/10h，光照强度 9000 lx 条件下，在光照培养箱中培养。直至大多数花朵盛开，并开始释放花粉。

(2)取上述开放花朵中的花药，剥取花粉，进行不同温度的处理。

①温度胁迫对花粉活力的影响

a. 取少数开放花朵花药中的花粉于载玻片上，加 1~2 滴 TTC 溶液，盖上盖玻片；

b. 将制片分别放于 –20℃、–10℃、0℃、10℃、20℃、30℃、40℃培养箱中，培养 15min；

c. 低倍显微镜下观察，凡被染成红色的活力强，淡红色的次之，无色的为没有活力或不育的花粉；

d. 统计 100 粒花粉，计算花粉活力百分率。

②温度胁迫对花粉萌发的影响

a. 将开放花朵的花药取出，放入垫有 2 张湿润滤纸的培养皿中，分别放于 –20℃、–10℃、0℃、10℃、20℃、30℃、40℃培养箱中，培养 20min；

b. 在载玻片上均匀滴加经加热的培养基；

c. 载玻片上培养基冷却后，用毛笔将少量南瓜花的花粉撒于培养基上；

d. 将上述载玻片放在垫有 2 张湿润滤纸的培养皿中，加盖；

e. 将以上盛有培养花粉载玻片的培养皿放于 25℃ 恒温培养箱中，培养 20min；

f. 低倍显微镜下观察花粉萌发情况；

g. 统计 100 粒花粉，计算花粉萌发百分率。

(3)实验结果计算。根据观察和统计的花粉，计算花粉活力百分率和萌发百分率。

【作业】

通过对实验结果的分析，讨论温度胁迫对植物花粉活力与萌发率的影响。

（王友保）

实验6 干旱和盐度对植物体内游离脯氨酸积累的影响

【实验目的】

(1)了解植物体内游离脯氨酸积累的机制;

(2)掌握植物体内游离脯氨酸含量的测定方法;

(3)了解干旱和盐碱环境对植物体内游离脯氨酸积累的影响。

【实验原理】

生长在干旱和盐碱环境中的植物,体内常积累游离的脯氨酸,而游离脯氨酸积累的量又往往和环境干旱的程度、盐度和植物对干旱和盐度的抵抗力有关。因而,测定植物体内游离脯氨酸的含量,在一定程度上可从生理上了解植物受环境水分和盐度胁迫的情况,了解植物对水分和盐分胁迫的忍耐和抵抗力,在生产和育种学上有一定的意义。

植物体内脯氨酸的含量可用酸性茚三酮法测定。脯氨酸和酸性茚三酮试剂反应生成红色产物,该产物在515nm有一最大吸收峰,其色度和脯氨酸的含量成直线关系,可用分光光度法测定。该反应有较强的专一性,酸性和中性氨基酸不能与茚三酮试剂形成红色产物,碱性氨基酸对这一反应有轻度干扰,但可加入人工沸石排除这种干扰。

【实验材料与设备】

植物材料:(1)将小麦种子在20℃下浸泡24h,放入铺有滤纸的大培养皿中,3~4d后作如下处理:①供给充足的水分。②加入100mmol/LNaCl溶液。③加入200mmol/LNaCl溶液。三种处理均在20℃,5000lx光照下培养,每天用处理液更换培养皿中的溶液,连续处理5d。(2)将盆栽两周龄的小幼苗分成两组,一组供给充足的水分,另一组控制供水使其处于中度萎蔫状态,连续处理一周。

设备:分光光度计(光程1cm比色杯);水浴锅;震荡混合器;研钵;直径15cm的大培养皿;25ml试管及试管架;25ml刻度试管;玻璃漏斗;剪刀;吸量管(2ml、5 ml);空心玻璃球(自制)。

试剂:100mmol/L和200mmol/LNaCl溶液;80%乙醇;人造沸石;活性炭;冰醋酸;6mol/L磷酸;苯(或甲苯);20μg/ml脯氨酸溶液;酸性茚三酮试剂:2.5g重结晶

茚三酮，加入 60ml 冰醋酸，40ml 6mol/L 磷酸，于 70℃加热溶解，冷却后置棕色试剂瓶中，4℃保存，两天内稳定。

【实验步骤】

1. 脯氨酸标准曲线的制作

取 12 支 25 ml 试管，分成两组，依次编号。吸取 20μg/ml 脯氨酸标准溶液，0、0.5、1.0、1.5、2.0、2.5ml，依次分装于两组试管内；然后补水到 2.5ml，加入 2.5ml冰醋酸，2.5ml 酸性茚三酮试剂，用空心玻璃球将试管口盖上，于沸水浴中反应 1h;反应到时后，将试管移入冷水中冷却，然后向试管中加入 5ml 苯（或甲苯），震荡 15s，静置约 10min，红色反应产物被萃取到苯层，吸取苯萃取液，以不含脯氨酸的空白为对照，用分光光度计于 515nm 波长下测吸光度。以脯氨酸的浓度为横坐标，以平均吸光度为纵坐标绘制标准曲线。

2. 氯化钠对小麦幼苗内游离脯氨酸积累的影响

称取 1.0g 用不同浓度 NaCl 处理过的小麦幼苗各 3 份，一份用于测定干重，两份用于脯氨酸的测定。将样品剪碎，加入适量 80%乙醇，于钵体中研磨成匀浆。匀浆液全部转移至 25ml 刻度试管中，加水至刻度，混匀，80℃水浴中提取 20min；加入约 0.5g 人造沸石，0.2g 活性炭，于震荡器上震荡 0.5min，过滤后备用。

取 2.5ml 滤液（有时需适当稀释），按制作标准曲线的方法测定各种处理的吸光度值。从标准曲线上检出每 ml 被测样品液中脯氨酸的含量。

3. 水分胁迫对小麦幼苗中脯氨酸积累的影响

按照上述测定小麦幼苗中脯氨酸含量的程序，测定供水处理的小麦幼苗中游离脯氨酸含量，每种处理称取 3 份，一份用于测定干重，两份用于测定脯氨酸的含量。

【作业】

1. 根据样品吸光度测定的结果、稀释倍数和重量，计算各种处理的小麦幼苗，每克鲜重及干重样品中游离脯氨酸的平均含量。

2. 根据你的实验结果，分析盐度与小麦幼苗中游离脯氨酸含量的关系。

3. 根据你的实验测定结果，分析水分胁迫与植物体内游离脯氨酸积累的关系。

（王友保）

实验7 土壤酶活性测定

【实验目的】

(1)了解土壤酶的形成与作用;

(2)掌握土壤酶活性的测定方法。

Ⅰ.土壤蔗糖酶活性测定

【实验原理】

蔗糖酶是根据其酶促基质——蔗糖而得名的。又叫转化酶或 β-呋喃果糖苷酶。它对增加土壤中易溶性营养物质起着重要的作用。研究证明,蔗糖酶与土壤许多因子有相关性。如与土壤有机质、氮、磷含量,微生物数量及土壤呼吸强度有关。一般情况下,土壤肥力越高,蔗糖酶活性越强。它不仅能够表征土壤生物学活性强度,也可以做为评价土壤熟化程度和土壤肥力水平的一个指标。

蔗糖酶能够酶促蔗糖水解生成葡萄糖和果糖。蔗糖酶活性的测定方法有用酶学的方法测量所产生的葡萄糖(滴定法或重量法)或是根据蔗糖的非还原性,用生成物(葡萄糖和果糖)能够还原斐林溶液中的铜,再根据生成的氧化亚铜的量示出糖的含量。也可根据蔗糖水解的生成物与某种物质(3,5-二硝基水杨酸或磷酸铜)生成的有色化合物进行比色测定。

目前,我国常用的主要是硫代硫酸钠测定法,它是测定土壤蔗糖酶活性的经典方法。

3,5-二硝基水杨酸比色法重现性较好,且手续较简便,适于成批样品测定。

测定土壤蔗糖酶活性时,均以蔗糖为基质,蔗糖液浓度范围为5%~20%。在酸性介质中,蔗糖酶活性最大。为保持该酶最适pH,多使用下列缓冲液:醋酸盐缓冲液(pH4.5~5.5),磷酸盐缓冲液(pH4.9~5.5),醋酸盐-磷酸盐缓冲液(pH5.5)。

1.比色法

(1)试剂配制

①3,5-二硝基水杨酸溶液:称0.5g二硝基水杨酸,溶于200ml2N氢氧化钠和50ml水中,再加30g酒石酸钾钠,用水稀释至100ml(不超过7天)。

②pH 5.5磷酸缓冲液:1/15M磷酸氢二钠($1.867gNa_2HPO_4 \cdot 2H_2O$溶于1L蒸馏水中)0.5ml,加1/15M磷酸二氢钾($9.078gKH_2PO_4$溶于1L蒸馏水中)9.5ml即成。

③8%蔗糖溶液。

④甲苯。

⑤标准葡萄糖溶液：将葡萄糖先在 50～58℃条件下，真空干燥至恒重。然后取 500mg 溶于 100ml 苯甲酸溶液中(5mg 还原糖 /ml)，即成标准葡萄糖溶液。再用标准液制成 1ml 含 0.01～0.5mg 葡萄糖的工作溶液。

标准曲线绘制：取 1ml 不同浓度的工作液，并按与测定蔗糖酶活性同样的方法进行显色，比色后以光密度值为纵坐标，葡萄糖浓度为横坐标绘制成标准曲线。

(2)操作步骤

称 5g 风干土，置于 50ml 三角瓶中，注入 15ml 8%蔗糖溶液，5mlpH5.5 磷酸缓冲液和 5 滴甲苯。摇匀混合物后，放入恒温箱，在 37℃下培养 24h。到时取出，迅速过滤。从中吸取滤液 1ml，注入锥形瓶中，加 3ml 3,5- 二硝基水杨酸，并在沸腾的水浴锅中加热 5min，随即将容量瓶移至自来水下冷却 3min。溶液因生成 3- 氨基 -5- 硝基水杨酸而呈橙黄色，最后用蒸馏水稀释至 50ml，并在分光光度计上于波长 508nm 处进行比色。

为了消除土壤中原有的蔗糖、葡萄糖而引起的误差，每一土样需做无基质对照，整个试验需做无土壤对照。

(3)结果计算

蔗糖酶活性以 24h 后 1g 土壤葡萄糖的毫克数表示。

$$葡萄糖(毫克)=a\times 4$$

式中：a——从标准曲线查得的葡萄糖毫克数，4——换算成 1g 土的系数。

2. 滴定法

(1)试剂配制

①20%蔗糖。

②甲苯。

③pH5.5 醋酸盐－磷酸盐缓冲液。

④33%KI 液。

⑤H_2SO_4(1∶3)。

⑥淀粉指示剂：取 0.5g 淀粉溶于少许水中，加 10ml 煮沸的 25%NaCl 液，煮沸 1min。

⑦0.1N$Na_2S_2O_3$ 滴定液。

⑧斐林溶液：取 34.64g$CuSO_4\cdot 5H_20$ 溶于蒸馏水，并稀释至 500ml (A 液)，取 173g 酒石酸钾钠和 5g NaOH 溶于蒸馏水，并稀释至 500ml(B 液)。使用前将 A、B 两液按 1∶1 混合。

(2)操作步骤

取 10g 土壤置于 100ml 三角瓶中，用 1.5ml 甲苯处理 15min。加 10ml20%蔗糖

和 10mlpH5.5 醋酸盐－磷酸盐缓冲液，摇匀后放在 37℃恒温箱中培养 24h。

培养结束后，加 50ml 蒸馏水，摇荡后过滤。取 20ml 滤液移于 100ml 三角瓶中，加 10ml 斐林溶液。在沸水浴上放置 10min，冷却至室温后再加 3ml33%KI 溶液和 4mlH_2SO_4（1∶3）。然后用 0.1NNaS_2O_3 滴定，至终点前加淀粉指示剂，再滴定至蓝色消失。试验应设以水（20ml）代替基质的对照。

蔗糖酶活性，用对照与试验的 0.1NNaS_2O_3 滴定毫升数之差表示。

Ⅱ. 土壤脲糖酶活性的比色法测定

【实验原理】

脲酶广泛存在于土壤中，是研究得比较深入的一种酶。脲酶酶促产物——氨是植物氮源之一。尿素氮肥水解与脲酶密切相关。有机肥料中也有游离脲酶存在。同时，脲酶与土壤其他因子（有机质含量、微生物数量）有关。研究土壤脲酶转化尿素的作用及其调控技术，对提高尿素氮肥利用率有重要意义。

脲酶是一种专性较强的酶，它能酶促尿素水解生成氨、二氧化碳和水。

本法以尿素为基质，根据脲酶酶促产物——氨在碱性介质中

（1）与奈氏试剂作用生成黄色的碘化双汞铵。该生成物数量与氨量相关。

$$NH_4OH+2(HgI_2+2KI)+3NaOH\rightarrow$$

Hg

/ \

O $NH_2+4KI+3NaI+3H_2O$

\ /

Hg

（2）与苯酚－次氯酸钠作用（在碱性溶液中及在亚硝基铁氰化钠催化剂存在下）生成蓝色的靛酚。该生成物数量于氨浓度成正比。

反应式如下：

$$NH_3+NaOCl\rightarrow NH_2Cl+NaOH$$

$$NH_2Cl+C_6H_5OH+NaOH\rightarrow NH_2C_6H_4OH+NaCl+H_2O$$

$$NH_2C_6H_4OH+NaOCl\rightarrow NHC_6H_4O+NaCl+H_2O$$

$$NHC_6H_4O+NaOCl\rightarrow OC_6H_4NCl+NaOH$$

$$OC_6H_4NCl+C_6H_5OH+2NaOH\rightarrow OC_6H_4NC_6H_4ONa\text{（靛酚）}+NaCl+H_2O$$

此法的结果精确性较高，重现性较好。

【实验试剂】

（1）pH6.7 柠檬酸盐缓冲液：取 368g 柠檬酸溶于 600ml 蒸馏水中，另取 295g 氢氧化钾溶于水，再将二种溶液合并，用 1N 氢氧化钠将 pH 调至 6.7，并用水调至 2L。

(2)苯酚钠溶液:称62.5g苯酚溶于少量乙醇中,加2ml甲醇和18.5ml丙酮,然后用乙醇稀释至100ml(A液),保存在冰箱中。称27g氢氧化钠溶于100ml水中(B液),保存在冰箱中,使用前取A、B两液各20ml混合,并用蒸馏水稀释至100ml备用。

(3)次氯酸钠溶液:用水稀释制剂,至活性氯的浓度为0.9%,溶液稳定。

(4)10%尿素溶液。

(5)甲苯。

(6)氮的标准溶液:精确称取0.4747g硫酸铵溶于水并稀释至1000ml,测得1ml含0.1mg氮的标准液。绘制标准曲线时,可再将此液稀释10倍供用。

标准曲线绘制:分别吸取稀释的标准液1、3、5、7、9、11、13ml,移于50ml容量瓶中,然后加蒸馏水至20ml。再加4ml苯酚钠溶液和3ml次氯酸钠溶液,随加随摇匀。20min后显色,定容。1h内在分光光度计上于波长578nm处比色。根据光密度值与溶液浓度绘制标准曲线。

【实验步骤】

(1)取5g风干土,置于50ml三角瓶中,加1ml甲苯。15min后加10ml 10%尿素溶液和20mlpH6.7柠檬酸盐缓冲液。

(2)摇匀后在37℃恒温箱中培养24h。过滤后取3ml滤液注入50ml容量瓶中,然后按绘制标准曲线显色方法进行比色测定。

【结果计算】

脲酶活性以24h后1g土壤中NH_3–N毫克数表示。

$$NH_3-N(mg)=a\times 2$$

式中:a——从标准曲线查得的NH_3–N毫克数,2——换算成1g土的系数。

Ⅲ. 土壤过氧化氢酶活性的容量法测定

【实验原理】

过氧化氢酶广泛存在于土壤和生物体内。土壤过氧化氢酶促进过氧化氢的分解,有利于防止它对生物体的毒害作用。过氧化氢酶活性与土壤有机质含量有关,与微生物数量也有关。

一般认为,土壤中催化过氧化氢分解的活性,有30%或40%以上是耐热的,即非生物活性,常由锰、铁引起催化作用。土壤肥力因子不与不耐热的即过氧化氢酶活性成正比例。

过氧化氢酶能酶促过氧化氢分解成氧和水。

Kappen(1913)首先介绍了硫酸存在下用高锰酸钾滴定剩余的过氧化氢,测定酶活性的方法。此法根据过氧化氢与土壤相互作用时,未分解的过氧化氢的数量用容量法(常用高锰酸钾滴定未被分解的过氧化氢)测定。反应方程式如下:

$$2KMnO_4+5H_2O_2+3H_2SO_4\rightarrow 2MnSO_4+K_2SO_4+8H_2O+5O_2$$

【实验试剂】

0.3%过氧化氢溶液。

3N 硫酸。

0.1N 高锰酸钾溶液。

【实验步骤】

(1)取 2g 风干土,置于 100ml 三角瓶中,并注入 40ml 蒸馏水和 5ml0.3%过氧化氢溶液。

(2)将三角瓶放在往复式振荡机上,振荡 20min。

(3)然后加入 5ml3N 硫酸,以稳定未分解的过氧化氢。

(4)再将瓶中悬液用慢速型滤纸过滤。

(5)吸取 25ml 滤液,用 0.1N 高锰酸钾滴定至淡粉红色终点。

【结果计算】

用于滴定土壤滤液所消耗的高锰酸钾量(毫升数)为 B,用于滴定 25ml 原始的过氧化氢混合液所消耗的高锰酸钾量(毫升数)为 A。

$(A-B)\times T$ 即为过氧化氢酶活性,以 20min 后 1g 土壤消耗 0.1N 高锰酸钾毫升数的差表示酶活性单位,式中 T 为高锰酸钾滴定度的校正值。

(王友保)

实验 8 金鱼耐性实验

【实验目的】

(1)了解生物耐受性定律;

(2)掌握半致死浓度和动物组织超氧阴离子自由基产生速率的测定方法。

【实验原理】

异质性生境(heterogeneous habitat)中的环境因子存在梯度变化,而不同生物所能适应的梯度范围总是有限的。据此,V. E. Shelford(1911)提出了忍受性定律(rule of tolerance):生物有机体对环境因子的忍受性有最大上限和最小下限的限制作用。生物所能分布的环境因子变化梯度的上、下限幅度称为该生物的忍受性限度(limit of tolerance)或生态幅(ecological amplitude)或生态价(ecological valence)。生物对周围环境各种变化的适应程度,称为生态可塑性。生物的生态可塑性因种而异,为长期进化的结果,具有遗传基础。根据物种对特定生态因子的忍受限度(或生态幅)的宽窄可以将生物分为"广生态型"和"窄生态型"。如就生物对生境盐度的要求的差异可以分出广盐性(euryhaline)和窄盐性(stenohaline)物种。生态可塑性的高低直接影响到物种的空间分布范围、生境利用格局以及种群的时空动态等基本种群特征。生态忍受性的测定有助于学生对忍受性定律及生态位概念的理解和掌握,同时有利于对种群空间分布格局及其动态机制的理解。淡水盐度介于0.05‰~1‰,而海水盐度介于16‰~47‰,因此,可以设计介于淡水盐度上限和海水盐度下限之间的盐度梯度,培养观察不同物种对环境盐度变化耐受力。

半数致死量(LD50)就是指在一群动物中能使半数(50%)动物产生死亡的剂量。其死亡曲线为两端平而中间锐。在50%死亡率处最锐。换言之,即两端处的剂量微有变动时,其死亡率难于表现出来,而在LD50附近剂量略有增减,死亡率就有明显的差异,因此,用LD50来作为毒性指标,重现性稳定而且灵敏精确,具有重要的实用价值。它的应用非常广泛,正如反映一个物质性能的熔点、沸点、旋光性一样,LD50已经成为标志药物、毒物等毒力强度的一种重要常数。LD50越大,其毒性越小,LD50越小,其毒性越大。

当动物体缺血缺氧时能引起组织呼吸受阻, 能量代谢障碍等一系列变化,当丰富的血氧再供给时,可造成缺血、缺氧组织大量自由基的瞬时产生,从而远远超过机体清除自由基的能力,致使产生多量自由基而引起组织损伤及病理改变。自由基可直接破坏细胞膜的成分，引起脂质过氧化瀑布效应，损伤膜结构及其功能。另一方面，可引发一系列自由基反应，形成的产物直接破坏蛋白质和DNA，使蛋白质和DNA交联而丧失活性功能，从而导致细胞死亡。活性氧自由基（包括超氧阴离子自由基、羟基自由基、单线态氧、双氧水等）是反应活性大、氧化能力很强的自由基，可以使糖类、氨基酸、蛋白质核酸和脂类等发生氧化、遭受损伤与破坏。近10多年来，涌现了大量活性氧特别是羟基自由基和超氧自由基与机体细胞的许多功能活动以及各种疾病，如癌、动脉硬化、糖尿病、心脑血栓、感染以及衰老效应等相关的报道。

【实验材料】

金鱼若干；温控鱼缸 5×5 只；滴管（移液管）、天平、试管、烧杯、容量瓶、pH计、解剖器材，7200分光光度计。

MTT是sigma公司提供，SDS等均为国产分析纯。

【实验步骤】

1. 24小时半致死浓度的测定

全班分5个实验组，每组均设5个NaCl浓度梯度。对照表8-1配制NaCl溶液。取5个鱼缸，对应编号，转移5 L NaCl溶液，加入相应鱼缸中。每个鱼缸中放入金鱼8尾。观察受试生物的变化，24小时后统计各培养液中受试生物的死亡率。

表8-1 对照实验盐度梯度溶液配制设计表

组别	盐度梯度‰				
1	0.10	0.35	0.60	0.85	1.10
2	0.15	0.40	0.65	0.90	1.15
3	0.20	0.45	0.70	0.95	1.20
4	0.25	0.50	0.75	1.00	1.25
5	0.30	0.55	0.80	1.05	1.30

2. 超氧阴离子自由基（$Q_2^- \cdot$）含量测定（MTT比色法测定）

（1）染毒

在24小时半致死浓度测定的基础上（以在实验阶段不出现明显异常为标准），选择0.10‰、0.20‰和0.30‰的NaCl溶液进行染毒处理。同时设不加NaCl的对照。24小时后取样分析。

（2）超氧阴离子自由基的提取

称取0.5 g金鱼的肌肉组织，分别放入预冷的研钵中，加Tris-HCl缓冲液（pH=8.2），研磨成匀浆。4℃下15000 r/min离心15min，上清液定容至5mL，取部分上清液经适当稀释后用于超氧阴离子自由基含量的测定。

(3)超氧阴离子自由基含量的测定

将提取液转移至含有 125U/mlSOD 和不含 SOD 的缓冲液（NaCl 145mmol/L, KCl 4.86 mmol/L, NaH_2PO_4 5.7 mmol/L, $CaCl_2$ 0.54 mmol/L, $MgSO_4$ 1.22 mmol/L，过氧化氢酶 1U/μl,高铁细胞色素 C 50 μmol/L 的 K-H 液)中,37℃下 0.5h,然后将缓冲液置于冰上终止反应。期间精确测定 1 min 内 OD_{550} 的变化值,至少 5 次,计算 ΔOD_{550}/min 均值。使用不含 SOD 和含 SOD 缓冲液吸光度的差值表示超氧阴离子自由基含量。

在 5 ml 的反应体系中,含 Tris-HCl 缓冲液(pH＝8.2)4ml,0.5% MTT(用 pH＝8.2 的 Tris-HCl 缓冲液配制)10μl,25℃下反应 15min。然后加 10% SDS（用 150 mmol/L HCl 配制)0.5ml,放置 5 min,在 570 nm 处测定光密度。以 1 min 内吸光度的差值表示超氧阴离子自由基含量。

【作业】

1. 填写表 8-2，分析受试生物对盐度的耐受性临界值和 24 小时半致死浓度(LD50)。

表 8-2　不同盐度梯度下生物受试 24 小时的死亡数

组别	盐度梯度(‰)及死亡数(尾)				
1	0.10	0.35	0.60	0.85	1.10
2	0.15	0.40	0.65	0.90	1.15
3	0.20	0.45	0.70	0.95	1.20
4	0.25	0.50	0.75	1.00	1.25
5	0.30	0.55	0.80	1.05	1.30

2. 分析超氧阴离子自由基含量与盐胁迫的相关性。

附：

(1)本实验的半致死浓度测定方法简单实用,要求将动物分成若干组,每组动物数量最好相等。各组给予不同的剂量,由小到大,相邻两剂量的比值最好相等。同时最大剂量组的反应率最好接近 100%，最小剂量组的反应率最好接近 0%,若有两个剂量组出现 100%或 0%的反应率时，则需将过大或过小的剂量组剔除,最多只留一个 0%或 100%反应率组参加计算,然后计算 LD50。

(2)MTT 比色法测定原理：

MTT〔3-(4,5dimethylthiaz01-2-yl)-2,5diphenyl tetrazolium bromide〕是一种淡

黄色四甲基偶氮唑盐，是线体脱氢酶的作用底物。MTT 可接受 O_2^-·而生成不溶于水的兰紫色甲(formazan)。该物质溶解后，在 560 ~ 610 nm 处有一个较宽的吸收峰。标准反应体系是 0.5 % MTT 10 μ l，样品适量，反应 15min 后加酸性 10% SDS 0.5 ml，反应最适 pH 值为 8.2，终止反应 pH 值为 4.9，测定波长为 570nm。该法简单、易行、稳定性好。

（项贤领）

实验9 种群的数量调查

【实验目的】

(1)通过实验,初步掌握标志重捕技术和去除取样技术;

(2)通过实验,理解标记重捕技术和去除取样技术的理论依据及其在种群生态学研究中的应用价值。

【实验原理】

在生态学研究中,研究对象的种群大小及其动态的调查为科研工作的基础。在大多数情况下,野生种群的个体数量计数十分困难,不可能完成对所有个体的完全计数。因此,有必要发展相关技术,根据统计学原理,充分利用不完全统计数据,合理估计现实种群的大小。标记重捕技术和去除取样技术是应用的最为广泛的进行种群大小估计的两种技术。

标志重捕法:指在被调查种群的生存环境中,捕获一部分个体,将这些个体进行标志后再放回原来的环境,间隔一段时间(标记个体和未标记个体混合均匀)后进行重捕,根据重捕中标志个体占总捕获数的比例,来估计该种群的数量。此为标志重捕技术的基本原理。

该法主要有三种类型:对于个体比例较高的种群,一次标志重捕可获得足够的个体数,可以采用一次标志一次重捕法,即林可指数法(Lincoln 指数法);若一次标志重捕不能获得足够的个体数,利用林可指数法,种群数量的估计值往往不够准确,则可采用一次标记多次重捕法(Schnabel 法)或多次标记多次重捕法(Jolly-Seber 法)。其中,前者适用于处于稳定状态的种群,而后者适用于种群结构复杂且有一定数量动态的种群。下面以三种类型中最为简单的一次标志一次重捕法(Lincoln 指数法)为例,讲解标志重捕法的应用。

在如下理论假设前提下:

(1)标记个体在整个调查群体中均匀分布,捕获和重捕是随机的,即每个个体(标记的或未标记的)具有同等的被捕机会;

(2)调查期间种群稳定,没有迁入和迁出;也没有个体死亡和新生。

$$N:M=n:m$$

即:

$$N=\frac{Mn}{m}$$

式中：M 为标记个体总数，m 为重捕到的标记个体数；n 为重捕个体总数，N 为估计的种群个体大小。

去除取样法：对于一个稳定的种群（在调查期间，没有出生和死亡、迁入和迁出），如果每一动物的受捕率不变，以相同的方式连续捕捉一定次数，就能以种群数量的减少幅度，来估计该种群大小。此为去除取样法的基本原理。

具体地说：在一个封闭的种群里，随着连续捕捉，种群数量逐渐减少，单位努力捕获量逐渐降低，同时，逐次捕捉的累积数就逐渐增大。不难想象，当单位努力的捕获数为零时，捕获累积数就是种群数量的估计值。如果将单位努力下的逐次捕获数（作为 Y 轴）对捕获累积数（作为 X 轴）作图，利用统计学的直线回归法，可以得到一条回归线，将回归线延长至与 X 轴相交，交点处 X 轴的数据就是种群数量的估计值。

回归方程：$Y=a+bX$

其中：$b=\frac{\Sigma(X-\bar{X})(Y-\bar{Y})}{\Sigma(X-\bar{X})^2}=\frac{lxy}{lxx}$

$$lxy=\Sigma XY-\frac{(\Sigma X)(\Sigma Y)}{n}$$

$$lxx=\Sigma x^2-\frac{(\Sigma x)^2}{n}$$

$$a=\bar{y}-b\bar{x}$$

【实验材料】

（1）实验器材：面粉；塑料面盆；快干漆。

（2）实验动物：赤拟谷盗（*Tribolium castaneum*）幼虫。

【实验步骤】

1. 实验材料准备

准备 2 kg 面粉放在塑料面盆中，加入约 500 头赤拟谷盗进行培养，经过一段时间（20~30min），使赤拟谷盗在面粉中分布均匀。

2. 标志重捕法（林可指数法）进行种群总数估计

（1）随机取出部分面粉（为获得足够的虫数，需取总面粉体积的 20%~30%），在土壤筛中将虫子筛出。

（2）用快干漆对虫子进行标志。因虫体较小，漆块应尽量小。虫子不停地活动，影响标志，则可边用微风吹拂，边进行标志。

（3）标志漆干燥后，将虫子计数后，与面粉一同放回塑料面盆。

(4)经过一段时间(20~30min)后,重复步骤(2),进行重捕,计数重捕虫数及其中标志个体数。

(5)根据林可指数法,计算种群总数的估计值。

3. 去除取样法进行种群总数估计

(1)随机取出部分面粉(约总面粉体积的 10%~15%),倒入土壤筛中,检出并计数虫子的数量。

(2) 将取出的面粉放回塑料面盆中,使基质保持原来的体积。放置一段时间(20~30min)使塑料面盆中未取出的虫子继续扩散,20~30min 后进行第二次取样。

(3)重复步骤(1)—(2),计数虫子的数量。如此重复 4~6 次,则可明显看出每次捕获数量逐次减少。

(4)按下表整理实验数据,绘出回归线图,求出塑料面盆中赤拟谷盗数量的估计值。

表 9–1 去除取样法实验记录表

取样次数	每次捕获数(Y)	累计捕获数(X)	X^2	XY
1				
2				
3				
…				
n				
合计				

【作业】

1. 按照林可指数法和去除取样法进行种群总数估计,这两种方法计算的结果一致吗?

2. 对于植物种群和动物种群进行数量调查,应分别采取何种方法?

3. 查阅书籍,了解一次标记多次重捕法和多次标记多次重捕法,如果用这两种方法,你将对本实验如何设计?

(王友保)

实验 10 种群在有限环境中的 Logistic 增长

【实验目的】

(1)了解种群增长是受环境条件限制的;

(2)通过实验观察草履虫种群数量增长,使学生掌握 Logistic 方程参数的估计和曲线拟合。

【实验原理】

世代重叠的种群在无限环境中的增长方式为无限增长,表现为指数式增长过程。当瞬时增长率保持恒定时,其数学模型可描述为:$dN / dt=rN$。

但在现实的生态环境中,种群不可能长期而连续的按指数式增长,往往受到食物资源和其他一些必要的生活条件的限制。当种群增长到一定程度,种群增长率随着密度的上升而下降,呈现出 S 型曲线。种群在有限环境条件下的连续增长的表现形式很多,其中最简单的形式为逻辑斯蒂增长(logistic growth)。

Logistic 增长的数学模型为: $dN / dt=r N\cdot(K-N) / K$

其积分式为:$Nt=K /(1+e^{a-rt})$

logistic 增长模型基于以下两点假设:

(1) 设想有一个环境条件所允许的最大种群值,称为环境容纳量或负荷量(carrying capacity),通常以 K 表示。当种群大小达到 K 值时,将不再增长,即 $dN / dt=0$;

(2)设想使种群增长率降低的影响是最简单的,即其影响随着密度上升而逐渐地、按比例地增加。

草履虫在 18~20℃环境中,每天分裂一次。实验种群在培养液有限时,其个体的分裂即受到限制,种群增长趋缓,最终达到密度饱和状态。如果不补充培养液,种群密度即会下降。活的草履虫在显微镜下计数比较困难,因此需要先将其固定。

【实验材料】

(1)实验器材:烧杯,培养皿,玻璃棒,胶头滴管,浮游生物计数框,显微镜,恒温箱。

(2)实验动物:纯培养的草履虫。

(3)培养液的配制:波氏固定液,饱和苦味酸清液 75 ml,加 25 ml 福尔马林,加

3ml 冰醋酸，混匀即可；稻草提取液，10g（以 15 ~ 20 g 为宜）稻草段放于 1 L 水中煮沸 10 min，至煎出液呈黄棕色，冷却后待用。

【实验步骤】

1. 草履虫的培养

（1）于 250 ml 烧杯中加入约 150 ml 稻草培养液备用；

（2）取一小培养皿倒入适量草履虫培养液，置于解剖镜下吸取约 100 只草履虫，转移至上述烧杯中，液面处标记。

2. 草履虫的计数方法

（1）在 1 ml 浮游生物计数框内加 1 滴波氏固定液。混匀烧杯中草履虫培养液，取 1 ml 滴入计数框内，盖上盖玻片，显微镜下计数。重复 3 次，取平均值为第 0 天草履虫种群密度。加稻草提取液补到标记处，用清洁纱布蒙口，18~20℃恒温箱培养。

（2）随后每天对烧杯中的草履虫计数，每天计数前后注意补液。同时记录过去 24 h 内最高最低温度。至种群数量达到平衡状态后即停止计数实验。

3. logistic 方程参数的估计和曲线拟合

（1）K 值估测：种群增长达到平衡状态后，以每天观测的数据绘制散点图，求出 K 值。若曲线平稳，可直接目测得出 K 值；若波动较大，可以最大值后几天的观测值的平均值为 K 值。

（2）求 a，r 值：将积分式变形为：$a - rt = \ln (K-N)/N$，线性拟合后即可得出 a 和 r 值。

（3）种群增长曲线的拟合：a，r 代入积分式中，计算各时间的 Nt 理论值，绘制出的曲线即为 logistic 曲线。

表 10-1　草履虫在培养液中增长数据统计分析表

培养天数 t	观察天数（只 /ml） N	(K-N)/N	Ln(K/N-1)	logistic 方程估计的 N 值
1				
2				
3				
4				
5				
6				
7				
8				
9				
10				

【作业】

1. 报告详细实验过程；填写上表报告实验结果，绘制观测值（散点图）和模型拟合曲线图。讨论实验结果。

2. 自然界的种群是否可能无限地增长，为什么？

3. 逻辑斯蒂增长模型能否作为种群增长的普遍性模型？为什么？

（王友保）

实验 11 植物种群的空间格局

【实验目的】

通过 s^2/m 比值法的实际训练，使学生认识群落中不同种群个体空间分布表现出的不同类型（随机型、均匀型和成群型），并掌握检验种群空间格局的方法。

【实验原理】

组成种群的个体在其生活空间中的位置状态或布局，称为种群空间格局或内分布型。种群个体在空间的分布基本有均匀型、随机型和成群型三种格局类型。种群的分布格局是种群的空间特征之一，它是种的生物特性，反映种内种间关系对环境的适应性，以及动物的行为、取食、聚集、迁移扩散、繁殖、遗传特性等，也是立地空间分异、环境因子相互作用的反映。

随机分布中每一个体在种群领域中各个点上出现的机会是相等的，并且某一个体的存在不影响其他个体的分布。随机分布在自然界不很常见，只有在生境因素对于很多个体的作用都差不多时，或某一主导因素成随机分布时，才会引起种的随机分布。在条件比较一致的环境里，也常会出现随机分布，如在潮汐带的环境里，有机体通常呈现出一种随机型的分布；用种子繁殖的植物，在初入侵到一个新的地点时，常呈随机分布。此外，森林地被层中的一些蜘蛛，面粉中的黄粉虫等也经常呈随机分布。

均匀分布种群内的各个个体之间保持一定的均匀距离。当有机体能够占有的空间比其所需要的大时，则在分布上所受到的阻碍较小，这样就使种群中的个体常呈均匀分布。株行距一定的人工栽培群落是均匀分布的一个例子。在自然情况下，均匀分布最为罕见。但由于以下五种原因，常会引起植物种群的均匀分布：虫害，种内竞争，优势种呈均匀分布而使其伴生植物也呈均匀分布，地形或土壤物理性状的均匀分布，自毒现象。

成群分布种群内个体分布不均匀，形成许多密集的团块。自然界中成群分布是最为常见的一种分布格局。成群分布的形成原因主要有：环境资源分布不均匀，富饶与贫乏相嵌；植物种群本身的特性和与生境间的相互影响；种群繁殖的特性和种子的传播方式；植物分泌物的影响；动物的社会行为使其结合成群等。

种群空间格局的检验方法很多，这里只介绍一种最常用的方法——s^2/m 比值法。其中，$m=(\sum fx)/n$，$s^2=[\sum(fx)^2-(\sum fx)^2/n]/(n-1)$。式中：x 为样方中某种个体数;f 为含 x 个体样方的出现频率;n 为样方总数。若 $s^2/m<1$ 时，属均匀分布(均匀分布的极限是 $s^2/m=0$,即全部样方中的个体数相同);若 $s^2/m=1$ 时,属随机分布;若 s^2/m 显著地>1 时,属成群分布(成群分布的极限是 $s^2/m=n$,n 为样方数,即一个样方中包括全部个体)。

【实验材料】

序列样方框($25\times50cm^2$,$50\times50\ cm^2$,$50\times100\ cm^2$,$100\times100\ cm^2$)、铅笔、野外记录表格、计算器。

【实验步骤】

(1)每 3 个学生为一组,每组用序列样方测定 2 种草本植物的个体数,每级样方作 30 次重复。一个 20~30 人的班级一次即可调查一个群落类型中主要植物种群的分布类型(调查前分配好要测定的植物种)。

(2)绘制表格,将调查数据整理后填入表格,并计算相关统计特征数。

(3)计算 s^2/m 比值,指出所测定种群的空间格局类型。

【作业】

说明研究植物种群分布类型的意义。

表 11-1 种群空间格局数据记录表

群落类型:______ 时间:______ 地点:______ 姓名:______

样方号	种名:				种名:			
	25×50	50×50	50×100	100×100	25×50	50×50	50×100	100×100
1								
2								
3								
4								
5								
6								
7								
8								
9								
10								
11								
12								
13								
14								
15								
16								

续　表

样方号	种名：				种名：			
	25 × 50	50 × 50	50 × 100	100 × 100	25 × 50	50 × 50	50 × 100	100 × 100
17								
18								
19								
20								
21								
22								
23								
24								
25								
26								
27								
28								
29								
30								
m								
s^2								
s^2/m								
t								

（王友保）

实验 12　种间关联

【实验目的】

通过对群落种间关联分析，认识种间关联分析的意义，掌握物种之间相互关系分析的方法，了解样方大小对于结论的影响。

【实验原理】

在群落生态学的研究中，常需了解物种之间是怎样联系的，即种间关联。有许多物种经常趋向于一起出现，相互之间呈现正关联状态，而另一些物种，由于竞争排斥或对环境、资源要求的明显差异而相互排斥，呈现负关联状态。

表达种对之间是否关联，关联程度如何，常采用关联系数，计算前先列出 2×2 列联表，其基本原理如下：

表 12-1　物种关联表

	物种 x	
物种 y	有	无
有	a	b
无	c	d

根据两个物种在样方中出现的情况，可以分为四种情况，即：

既具 x，又具 y 的，属 a 型；有 x 无 y 的，属 c 型；

既无 x，又无 y 的，属 d 型；无 x 有 y 的，属 b 型。

如果两个物种是属正关联的，则绝大多数样方应属 a 型和 d 型；

如果两个物种是属负关联的，则绝大多数样方应属 b 型和 c 型；

如果两个物种没有任何关联，则上述 4 种类型出现的机遇应该是相等的，即完全随机的。

关联系数的计算可按下式进行：$v=(ad-bc)/\sqrt{(a+b)(c+d)(a+c)(b+d)}$

其中 v 就是关联系数，其值变化范围从 −1 到 +1，若 $ad>bc$，v 为正值，表示正关联；若 $ad<bc$，v 为负值，表示负关联；若 $ad=bc$，v 为零，表示不关联。

关联系数显著性的检验要采用 x^2– 检验法，即：

$$x^2=n(ad-bc)^2/[(a+b)(c+d)(a+c)(b+d)]$$

其中 $n=$ 总样方数 $=a+b+c+d$

若 x^2 值大于 3.84（$x^2_{0.05,1}=3.84$），则表明关联显著，达 95%显著性水平；

若 x^2 值大于 6.64（$x^2_{0.01,1}=6.64$），则表明关联极显著，达 99%显著性水平。

这种方法虽然既简单又方便，但其所测的结果将随采用样方面积的大小而不同。由于样方大小对于结论的影响，常采用系列样方法来对种对作相关分析。

(1)用面积逐级扩大的系列样方（巢式样方）取样，记录每级样方中诸种植物的“有”、“无”。

(2)统计 n 个系列样方的数据资料。分别整理出每两两种对间在不同样方级别上的 2×2 列关联表，并计算 x^2 值。将计算结果填入预备好的表格。

(3)绘出 x^2 值随样方大小变化的波动曲线。计算出来的 x^2 与 $x^2_{0.05,1}=3.84$ 比较，以判断种对关联的显著性，并由（ad－bc）确定相关的性质，即正关联还是负关联。

【实验材料】

序列样方框

（$12.5\times12.5cm^2$，$12.5\times25cm^2$，$25\times25cm^2$，$25\times50cm^2$，$50\times50cm^2$，$50\times100cm^2$，$100\times100cm^2$）、铅笔、野外记录表格、计算器。

【实验步骤】

(1)每 3 个学生为一组，用系列样方调查 3 种植物在各级样方中的“有”、“无”。每一级样方重复 100 次。系列样方随机放置。

(2)分别整理出每两两种对间在不同样方级别上的 2×2 形式的表，并计算其 x^2 值，将结果填入记录表中。

(3)绘出 x^2 值随样方大小变化的波动曲线。

(4)说明种对间的关联性质及最小关联面积。

【作业】

1. 分析样方大小对种间关联结论的影响。

2. 讨论研究种间关联的意义。

表 12-2 种间关联数据记录表

群落类型：＿＿＿＿＿ 时间：＿＿＿＿＿ 地点：＿＿＿＿＿ 姓名：＿＿＿＿＿
物种Ⅰ：＿＿＿＿＿ 物种Ⅱ：＿＿＿＿＿ 物种Ⅲ：＿＿＿＿＿

样方级		项目				
		a	b	c	d	x^2
12.5×12.5	Ⅰ×Ⅱ					
	Ⅱ×Ⅲ					
	Ⅰ×Ⅲ					

续表

样方级		项目				
		a	b	c	d	x^2
12.5×25	Ⅰ×Ⅱ					
	Ⅱ×Ⅲ					
	Ⅰ×Ⅲ					
25×25	Ⅰ×Ⅱ					
	Ⅱ×Ⅲ					
	Ⅰ×Ⅲ					
25×50	Ⅰ×Ⅱ					
	Ⅱ×Ⅲ					
	Ⅰ×Ⅲ					
50×50	Ⅰ×Ⅱ					
	Ⅱ×Ⅲ					
	Ⅰ×Ⅲ					
50×100	Ⅰ×Ⅱ					
	Ⅱ×Ⅲ					
	Ⅰ×Ⅲ					
100×100	Ⅰ×Ⅱ					
	Ⅱ×Ⅲ					
	Ⅰ×Ⅲ					

（王友保）

实验 13　种内竞争

【实验目的】

观察和了解植物的自疏现象，总结自疏现象中的一般规律。

【实验原理】

植物间互相关系的研究是种群生态学及植物群落学的重要任务之一，它有助于阐明许多生态学原则。

种内关系主要表现在种群内个体之间的关系，在太密和太疏的情况下，能通过反馈作用进行自我调节，使种群的数量围绕着平均值而变化。在种群过大时，则通过自疏作用来减少个体的数量。

人们早就知道，超出一定的播种密度而存留下来的植株数量与最初种子的密度无关，而与它们总的生物量之间有着固定不变的关系。这种关系已由 Yoda 等人用能量定律（power law）表达出来：

$$W=Cd^{-3/2} \quad 即\ \lg W=\lg C-1.5\lg d$$

在公式中，W 是存留下来的植株干重，d 是存留下来的植株密度，C 是与所研究的特定植物种生长特性有关的常数。

据 White 和 Harper（1970）研究，许多植物种是符合这个能量定律的。每株植物存留下来的干重与其密度比的图形（用对数比的图形表示），在 5%的置信度内出现一个 -1.5 的梯度。

【实验材料】

小麦种子

【仪器设备】

光照培养箱，9.5cm 培养皿，滤纸，直尺，天平，烘箱。

【实验步骤】

（1）口径为 9.5cm 的培养皿内垫上 2 ~ 3 层滤纸，加等量的水浸湿滤纸。

（2）按 5、10、20、40、60、80、100 粒种子的七个不同处理排放种子，作 3 个重复。种子以同心圆的形式分 3 ~ 4 层排放。

(3)每个培养皿每天浇水 0 ~ 1.5ml,出苗后每天浇水 2 ~ 5ml,严格控制浇水量。

(4)观察种子的发芽势,根的长度,植株高度、株高内外圈到内圈的变化。

(5)出苗 7 ~ 8d,剪取幼苗,烘干称重。(另:每一培养皿植物称一总重)。

注:有条件时的进一步研究。①自疏现象可以在要地调查,最好选择一片单种乔木占优势的林地。主要是测量乔木及其邻木的胸径,还有它们之间的距离,确定林木相互影响的范围和影响每株乔木近邻木的数目。②一些栽培的禾本科植物,如水稻、小麦、油菜等的消失规律,也可作为研究自疏现象的材料。

【作业】

1. 填写种内竞争实验数据表。

表 13–1 植物种内竞争实验数据记载表

实验植物:____________ 生长时间:____________

处理		发芽时间	植株数目	株高	根长	干重	
						全部	单株
Ⅰ(5)	1						
	2						
	3						
	均值						
Ⅱ(10)	1						
	2						
	3						
	均值						
Ⅲ(20)	1						
	2						
	3						
	均值						
Ⅳ(40)	1						
	2						
	3						
	均值						
Ⅴ(60)	1						
	2						
	3						
	均值						
Ⅵ(80)	1						
	2						
	3						
	均值						
Ⅶ(100)	1						
	2						
	3						
	均值						

2. 根据实验数据,总结自疏现象中的一般规律。

3. 论证最后产量衡值法则。($W=CP^{-3/2}$)

(已知 $A\propto L^2$, $W\propto L^3$, $A\propto W^{2/3}$; $A\propto 1/PW^{2/3}\propto 1/P$, $W^{2/3}\propto P$, $W\propto P^{-3/2}$, A: 覆盖面积,L:高度,W:重量,P:密度,C:常数)

(储　玲)

实验 14 种间竞争

【实验目的】

通过多种植物的栽培和皿培，观察种间竞争现象；论证 Gause 假说及竞争排斥原理。

【实验材料】

(1)大麦、燕麦种子。

(2)蒿属和禾本科植物的种子各 2 种。

【设备仪器】

25cm 口径花盆，9.5cm 培养皿，滤纸，直尺，天平。

【实验步骤】

(1)将花盆装好土壤；在培养皿中铺放两层滤纸，用蒸馏水湿润。

(2)选择发育良好的蒿属和禾本科植物种子放在培养皿中，其中各种植物种子数相同，按 20粒和 40 粒两种处理。每个培养皿中每天浇水 2ml，待出苗后，每天浇水6~8ml。精确控制给水量、观察其幼苗中强壮的、发育不良的和不发芽的种子数量，计算其百分比，绘制柱状图(每个种，每个处理各作一个柱状图)，详细观察根的生长状态，了解其相互回避，以某种方式连接或处于正常状态的情况。

(3)把大麦与燕麦种子按种子数比例 0:1，1:4，2:3，3:2，4:1，1:0 6 种处理进行分配。按每花盆均匀播种 100~200 粒。同时在每个花盆上贴好标签，写明处理和播种日期。按时浇水，(各花盆每次和总浇水量相同)，出苗后调查其成活率和种子萌发率。出苗 7~14 天后，测定各植株的地上部分鲜重。根据每盒的单种种子数，成活率和平均鲜重，在坐标上绘制闭合图形。一般来说，线偏离程度越大，则竞争影响越大。种内和种间竞争的线之间散度越大及闭合图形的面积越大，则表明两个竞争类型的强度的差别也越大。

注：有条件时的进一步研究。将大麦和燕麦种子按 0:1，1:4，2:3，3:2，4:1，1:0 比例，进行 6 个处理，分别按每盆 200 粒种子播种于花盆中，放于温室内依次排列，定期浇水。种子萌发后，统计其发芽率和幼苗成活情况。成熟后，分盆分别收获、脱粒、计数种子，装入种子袋内，并登记制表。将上述操作做 3 个重复，取平均值，根

据两种植物的输入比率和输出比率,绘制坐标图。根据坐标图分析两种的竞争情况,预测竞争优胜者。

【作业】

1. 结合皿培结果柱状图,讨论各种植物间的竞争抑制效应和排斥原理。

2. 根据盆栽实验闭合图形和上述柱状图及观察的结果论证 Gause 假说和竞争排斥原理。

表 14-1 大麦和燕麦竞争实验结果

播种种子			收获种子(粒 / 盆)		
大麦	燕麦	输入比率	大麦	燕麦	输出比率
0	1				
1	4				
2	3				
3	2				
4	1				
1	0				

(王友保)

实验 15 种群间的捕食和被捕食作用（Holling 圆盘试验）

【实验目的】

(1)通过实验，理解 Holling 圆盘实验的基本原理，学习功能反应的测定方法和数据处理技术；

(2)通过实验，了解被食者种群密度对捕食者捕食效率的影响，及功能反应测定在生物防治中的指导意义。

【实验原理】

捕食者对被食者（猎物）数量变化的反应有两种：①功能反应(Functional response)，即捕食者每个个体所捕食的猎物数目随猎物密度的变化；②数值反应(numerical response)即捕食者数量随猎物密度的变化。

Holling 把捕食者对被食者密度变化的功能反应可划分为 3 种类型：第Ⅰ型为线性型。其特点是随着被食者密度而增加，功能反应曲线呈直线上升，到达上部平坦部分表示捕食者已经饱享。第Ⅱ型是凸型的，为无脊椎动物型。被食者密度增加的初期，被捕食的数量上升很快，以后逐渐变慢而到充分饱享不再上升。第Ⅲ型为S型，即脊椎动物型。被食者稀少时，捕食量很少，随着被食者密度上升，被捕食的数量逐渐增加，然后捕食效率逐渐降低，达到充分饱享，捕食数量不再上升。

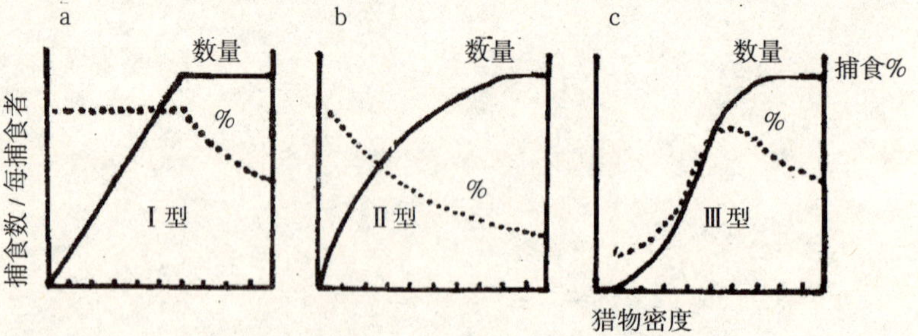

图 15-1 捕食者对被食者密度变化的功能反应

功能反应Ⅱ型不呈直线上升的主要原因，可能是捕食者饱享问题。因逐步饱享导致所谓的“处理时间”发生变化。一个真正捕食者的“处理时间”，包括对被食者的控制时间、取食时间、消化停顿等。在处理猎物时，寻觅活动停止。当被食者密度增加,一个捕食者可能捕获更多的猎物,从而处理时间增加,又影响其寻觅、捕食更多的猎物,即寻觅效率降低。这就是Ⅱ型表现在高密度时有更多的被食者被取食,但消耗增长率下降的主要解释。Ⅱ型还表现为不能单独产生密度制约死亡率,被食者种群被捕杀比例随密度下降。

Holling 在实验室里,以蒙眼人为"捕食者",沙纸圆盘为"被食者",模拟捕食者 -被食者关系。Holling 认为结果呈非线性的原因是随着圆盘密度增加,用于取走圆盘的时间(即处理时间)占寻觅时间的比例增加。最简单的情况是猎物的数量为限制捕食者捕获量的唯一因素。

设 Y 为移去的沙盘数(即为捕获量);

X 为沙盘数(即为猎物的密度);

T_s 为可供捕食者搜索的时间;

a 为捕食者对猎物的瞬时发现率(是一个常数)。则有

$$Y=aT_sX \quad ①$$

但是,假如每一次实验的时间 T_t 都是固定的(如 1 分钟),T_s 应随找到的沙盘数而变化。因为移去沙盘数所耗费的时间减少了搜索的时间。若 b 为移去一个沙盘的时间,则

$$T_s=T_t-bY \quad ②$$

其中 b 为制服、杀死及取食时间,即 Holling 所称的"处理时间"。将①与②两式合并为:$Y=a(T_t-bY)X$;简化为

$$Y=aX/(1+abX) \quad ③$$

即著名的 Holling 模型。

将上式改写为 $Y/X=aT_t-abY$,对其作回归即可求出各项参数。其中,沙盘在本实验中由纸盘代替。

【实验材料】

直径为 4cm 的纸圆盘 398 个;作为"被捕食者"、面积为 1 m×1 m 的木板 8 块;实验者作为"捕食者";蒙眼布;秒表;绘图纸;米尺;记录笔;记录纸;装纸圆盘的容器等。

【实验步骤】

1. 实验准备

(1)用米尺按照下列数字,将木板均匀划格:4、9、16、25、36、64、100、144;

(2)每个格中放一只纸圆盘。

2. 分组实验

(1)每两人一组,其中一人蒙住眼睛,作"捕食者",另一人为记录员;

(2)任选一块木板，放在“捕食者”前面的实验台上；

(3)“捕食者”用一个手指在木板上面点触，碰到纸圆盘就算将其“捕获”，并将其移走至装纸圆盘的容器内，再继续搜索，每块木板的总搜索时间为 1 min；

(4)同一“捕食者”对每种沙纸盘密度都进行一次 1 min 的“捕食”；

(5)每组试验重复三次，取平均值，整理后填入下表，再根据前面介绍的方法拟合 Holling 方程，并绘出功能反应曲线。

表 15-1 猎物密度与捕食者捕获能力关系的实验记录表

纸盘密度 X(个 / 平方米)	移去的纸盘数 Y(个)	每个纸盘被移走的可能性(Y/X)	实验的时间 Tt(分钟)	参数 a	参数 b	回归方程
4						
9						
16						
25						
36						
64						
100						
144						

【作业】

1. 报告详细实验过程，填写上表，拟合 Holling 方程，并绘出功能反应曲线。
2. 总结捕食者与被捕食者之间相互作用的规律。
3. 本实验有哪些前提条件？

（王友保）

实验 16 利用等位酶标记研究种群的遗传多样性

【实验目的】

(1)掌握聚丙烯酰胺凝胶电泳方法检测遗传多样性的等位酶技术;

(2)了解不同生境下植物种群遗传多样性及遗传分化的程度。

【实验原理】

种群遗传多样性指种群遗传变异的总量和分布状况,它主要描述种群的质量状况,是物种适应环境变化的基础,也是衡量物种进化潜力的重要指标。对它的研究是深入认识物种生态幅、适应能力、进化前途、发展命运的核心内容。

等位酶技术量利用电泳技术将酶蛋白的不同变异体分离,并推断控制该酶的基因型。酶电泳的方法主要有 4 种:淀粉凝胶电泳(SGE,包括水平的和垂直的)、聚丙烯酰胺凝胶电泳(PAGE)、醋酸纤维素凝胶电泳(CAGE)和琼脂糖凝胶电泳(AGE)。琼脂糖凝胶的孔径较大,对蛋白质不起分子筛的作用,适用于较大分子的核酸电泳,而淀粉凝胶和聚丙烯酰胺凝胶的孔径比较适合于分离蛋白质和小分子核酸,其中分辨率较高的是聚丙烯酰胺凝胶电泳。聚丙烯酰胺凝胶电泳是以聚丙烯酰胺凝胶作为支持介质的电泳方法,在这种支持介质上可根据被分离物质分子大小和分子电荷多少来进行分离。

【实验材料】

1. 仪器、设备

垂直板凝胶电泳槽(DYCZ-30 型,北京市六一仪器厂),直流稳压或稳流电源(电泳仪),注射器(20、5mL),进样器(100μL),离心机,染色盒(20cm × 12cm),研钵,剪刀,镊子,滴管,烧杯,量筒。

2. 试 剂

(1)1~9 号凝胶贮液:见表 16-1。

(2)提取缓冲液:在 25mL 磷酸缓冲液或 Tris- HCl 缓冲液(pH7.5,0.05-0.1 mol·L^{-1})加入 1.25g 蔗糖,研磨前加入 0.025mL β - 巯基乙醇(0.014 mol·L^{-1})和 4% ~ 12%(W/V)的聚乙烯基吡咯烷酮(PVP)。

(3)酯酶染色液:称取 50mg α - 乙酸萘酯,50mg β - 乙酸萘酯,100mg 固蓝 RR

盐(或固蓝 B 盐),先用约 5mL 丙酮溶解,再用 0.1 mol·L^{-1} pH5.0 磷酸缓冲液稀释到 150mL。

(4)过氧化物酶显色液:将 5mL 联苯胺母液(2g 联苯胺,18mL 冰乙酸,加热至沸腾,再加入 72mL 水),加水稀释至 50mL,临用前加入 1mL1%的 H_2O_2。

表 16–1 1~9 号凝胶贮液的组成

	贮液	100mL 贮液中的含量	工作液混合比例	pH
分离胶	1	1mo1/L HC148.0mL, Tris.36.6g	1 份	8.9
	2	Arc.28.0g, Bis.0.74g	2 份	
	3	$K_2S_2O_8$0.56g	1 份	
	4	水	4 份	
浓缩胶	5	1mo1/L HC148.0mL, Tris.5.98g	1 份	6.7
	6	Arc.10.0g, Bis.2.5g	2 份	
	3	$K_2S_2O_8$0.56g	1 份	
	7	蔗糖 40.0g	4 份	
电极缓冲液	8	Tris.0.60g, 甘氨酸 2.88g	1 份	8.3
	9	水	9 份	

注:1. 贮液 1、2、5、6 和 8 分别为分离胶缓冲液、分离胶、浓缩胶缓冲液、浓缩胶和电极液的浓缩液。2. Tris.:三羟基氨基甲烷;Arc.:丙烯酰胺;Bis.:甲叉双丙烯酰胺。3. 注胶前每毫升分离胶工作液加 0.6×10^{-3}mL TEMED(四甲基乙二胺);每毫升浓缩胶工作液加 1.5×10^{-3}mL TEMED(四甲基乙二胺)。贮液于冰箱内保存,过硫酸钾可用 1 周,其他贮液可贮存 3 个月以上。

3. 材 料

选择生长在多个不同生境中的同种植物(如小麦)种群,随机采取 30 个左右个体的叶片,迅速带回实验室。实验中分为若干组,组与组之间配合完成几个种群的实验。

【实验步骤】

1. 电泳槽的安装

用两手夹住玻璃板的两侧(避免手指玷污玻璃板),将其装入胶框,再将胶框垂直装入两个电极液半槽之间,用螺栓将两个半槽固定在一起。按一定顺序逐步拧紧螺母,注意用力均匀。

装好电泳槽后,将熔化的 1.5%琼脂注入玻璃板底部的琼脂池内,琼脂凝固后将前后两个电极液槽隔开,但允许电流通过。

2. 凝胶的制备

(1)分离胶:按照表的比例先将凝胶贮液(1 号)、凝胶贮液(2 号)和水混合于烧杯中,然后加入催化剂过硫酸钾及 TEMED(四甲基乙二胺),混匀,立即将凝胶液沿凝胶模子后面一块玻璃板的内壁缓缓地注入已准备好的胶室中。胶液加到离玻璃板顶部约 2cm 处立即用装有 6 号针头的注射器注水使胶的表面覆盖 3~5mm

水层。静置20~30min，胶和水层之间出现清晰的界面，表示胶聚合完成。

(2)浓缩胶：按照表的比例将凝胶贮液5号、6号和7号混合，加入过硫酸钾及TEMED，同时将分离胶上水层吸出，立即将浓缩胶混合液注入上述制备好的分离胶上，胶液加到接近胶室的顶部，插入梳子，静置聚合。2~3h后聚合完成，小心地取出梳子，向样品槽中加入电极液备用。

3. 样品的制备和加样

(1)取约0.2g样品，剪碎后放入预冷的研钵内，在冰浴中研成匀浆，研磨过程中加入约1ml提取缓冲液。

(2)匀浆液在4℃，5000r下离心10min，上清液待用。

(3)用进样器在每孔的胶面上加入上清液100μL，再加入少量1%的溴酚蓝指示液，用电极缓冲液小心地将每孔充满。

4. 电泳和脱胶

(1)向电泳槽内注入电极缓冲液。

(2)连接好导线，将上槽接到电泳仪的负极，下槽接正极。接通电源，电泳开始后电流控制在30mA左右，样品进入分离胶后可加大电流到60mA，这时电压一般在100V左右，此后，维持电流不变。

(3)当指示剂到达离凝胶底部1.5cm时可停止电泳，电泳约需2h。关闭电源，吸出电极缓冲液，取出胶框和玻璃板。

(4)取5ml注射器灌满水，配上6号长针头，将针头插入胶与板壁之间，一边注水一边将针头向前推进，直至把批复胶与玻璃板分离。将胶平放入染色盒中。

5. 染　色

(1)过氧化物酶染色：量取5mL联苯胺母液倒入烧杯中加水到50ml，加入1ml 1%的H_2O_2，将配好的染色液倒入染色盒内，室温下反应，约数秒钟即可观察到棕红色的过氧化物条带。待条带清晰时，弃去染色液，用蒸馏水冲洗，观察，记录酶谱。

(2)酯酶染色：将50ml酯酶染色液倒入染色盒中，室温下显色约20 min可看到酯酶条带。弃去染色液，用蒸馏水冲洗，观察，记录酶谱。

6. 遗传判译与计算

(1)酶谱记录：用铅笔和直尺在酶谱记录纸上画出谱带的相对位置和浓度，记录纸可以装订成册，永久保存。

(2)遗传判译：本实验中都为共显性等位基因，即具不同特征的等位基因都能在杂合子表现型中得以表达，假设某基因位点具有两个共显性等位基因A和A′，那么它有3种个体AA、AA′和A′A′。设等位基因A编码的多肽链记为○，等位基因A′编码的多肽链记为●，则在纯合子中只有一种分子(AA为○，AA′为●)。酶是由一个(单聚体)或几个(二聚体或多聚体)相同链组成，电泳后在电泳图谱上将表现为一条带，起始位置因分子性质而异。在杂合子中有两种多

肽链(●和○),结果为:

若酶是由 1 条链组成(单聚体),则杂合子表现为 2 条链,一条链和纯合子 AA 的迁移率相同,另一条与纯合子 A′ A′ 的相同。酯酶和过氧化物酶就是这类。

若酶是由 2 条链组成(二聚体),则有杂合子产生的 2 种多钛链随机组合将产生 3 种分子:2 种同聚体(○○和●●)和 1 种异聚体(○●),这时杂合子的产物电泳之后将显示 3 条明显的谱带,中间一条常常比两端的谱带染色深。

如果酶是由 3 条链组成(三聚体),杂合子产生两种多肽链随机组合将形成 4 种分子:2 种同聚体(○○○和●●●)和 2 种杂聚体(○○●和●●○)。因此杂合子的电泳图谱上显示 4 条带。

如果酶是由 4 条链组成(四聚体),两种多肽链随机组合将产生 5 种分子:○○○○、○○○●、○○●●、●●●○、●●●●。杂合子的酶谱将显示 5 条明显的、规则分布的带。

判断基因位点时,由于不同位点编码的酶的区带往往相距较远,而且不同的等位区带的酶谱变化是独立的,因此可以结合等位基因的判译,根据区带的分布情况(如距离远近)来识别。

(3)遗传多样性计算:遗传多样性的指标有以下几种。

①多态位点百分比

多态位点百分比即所检测位点中多态位点所占的比例,它是反映遗传多样性的重要指标之一,其计算公式为:

$$P=(K/n)\times 100\%$$

式中:K——多态酶位点的数目;

n——所测定酶位点总数。

②平均等位基因数目

平均等位基因数目即各位点含有的等位基因数目的算术平均值。计算公式为:

$$A=\sum_{i=1}^{n} A_i/n$$

式中:A_i——第 i 个位点上的等位基因数;

n——所测定酶位点总数。

③杂合度

期望杂合度(H_e)即平均每个位点的预期杂合度,表示在 Hardy-Weinberg 平衡定律下预期的平均每个位点的杂合度(Nei,1987)。计算公式如下:

$$H_e=\sum_{i=1}^{n} H_{ei}/n=\sum_{i=1}^{n}(1-\sum_{j=1}^{m_i} q_{ij}^{2})/n$$

式中:H_{ei}——第 i 个位点上的预期杂合度;

n——所测定酶位点总数;

q_{ij}——第 i 个位点上第 j 个等位基因的频率；

m_i——第 i 个位点等位基因总数。

观察杂合度(Ho)即平均每个位点的实际杂合度，也就是我们观察到的杂合子比例(Nei，1987)。计算公式如下：

$$H_o = \sum_{i=1}^{n} H_{oi}/n = \sum_{i=1}^{n}(1 - \sum_{j=1}^{mi} Q_{ij})/n$$

式中：H_{oi}——第 i 个位点上的观察杂合度；

n——所测定酶位点总数；

Q_{ij}——第 i 个位点上第 j 个等位基因纯合基因型的频率；

m_i——第 i 个位点等位基因总数。

(4)遗传分化程度：总基因多样度(H_T)为各种群内基因多样度(H_S)和各种群间多样度(D_{ST})之和。对任何一个位点来说，他们之间的关系可表示为：

$$H_T = H_S + D_{ST}$$

存在于各种群间的基因多样度的比率为：

$$G_{ST} = D_{ST} / H_T = (H_T - H_S) / H_T$$

G_{ST}值的范围为 0~1，G_{ST} 越大，表示各种群间基因分化的相对量越大，其中：

$$H_S = \sum_{i=1}^{n} H_{Si}/n = \sum_{i=1}^{n}(1 - \sum_{j=1}^{m_i} q_{ij})/n$$

式中：H_{Si}——第 i 个种群某位点的预期杂合度；

n——所测定的种群总数；

q_{ij}——第 i 个种群该位点第 j 个等位基因的频率；

m_i——第 i 个种群该位点等位基因数。

$$H_T = 1 - \sum_{j=1}^{m} r_j^2$$

式中：m——该位点等位基因数；

r_j——该位点第 j 个等位基因在总种群中的平均频率。

上面是对一个位点所进行的计算，对于全部位点来说，平均基因多样度的 H_S、H_T 和 G_{ST} 可以通过计算所有位点的 H_{Si}、H_{Ti} 和 G_{STi} 的算术平均值而获得。

（张　杰）

实验 17 环境改变对种群扩散的影响

【实验目的】

(1)通过实验,使学生掌握研究种群扩散的基本方法,理解环境条件的改变对种群扩散的影响;

(2)通过实验了解物种扩散的影响因素及其影响程度。

【实验原理】

扩散是指由于外界环境的变化,或动物种群本身的数量变化,部分动物个体离开原来的栖息地而发生迁移的现象。扩散是从动态的观点来研究种群的空间关系,是动物在栖息地方面的一个重要行为类型。扩散是以种群为单位,个体没有扩散;扩散的结果,出现种群密度的降低,密度降低的比例随种群所在中心的距离而增加。扩散方式及密度随距离而降低的比例在各种昆虫种类中不同。

对于动物扩散的机制和效应已提出许多假说,包括攻击(Aggression)、行为多型(Behavioral polymorphism)、环境容纳量效应(Carrying capacity effects)和社会内聚力(Social cohesion)等,并在许多动物中得以模拟。扩散受诸如环境类型、环境湿度、环境温度等物理因素和竞争、捕食、资源等生物因素的影响,扩散距离亦因物种、年龄、性别的不同而表现出差异。

种群扩散是一种经常发生的现象,但其扩散的程度受种群密度的制约,种群密度高时扩散的速率显著增大。引起种群个体扩散的原因是很多的:①种群密度上升过大,而引起的种群个体竞争压力加强,是扩散的一个重要原因;②在社群等级和领域性行为中处于劣势的个体被逐出,去寻找未被高等级个体占有的或生活环境较差的栖息地;③由于幼仔的不断长大,被亲代赶出而引起的扩散。

扩散有 3 种类型:分离出去而不复归来的单方向移动称之为迁出(emigration);进入的单方向移动称为迁入(immigration);有周期性的离开和返回的双方向移动称为迁移(migration),如鸟类的迁徙、鱼类的洄游等。

扩散与种群数量变动有关,也与环境条件的改变有关。如果一个种群的数量相当稳定,并接近于环境容纳量,则扩散过程对种群的动态影响不大,但可能影响种群的年龄结构;如果一个种群密度很高,而食物资源又十分短缺,扩散能降低种群密度,减少种内竞争,有利于物种生存,并对种群的年龄结构产生重大影响,使未扩散者的出生率降低;如果是一个密度相对较低而又处于迅速增长的种群,则迁入就能促进种群的增长，并且不只是增加了种群的新个体，而且提高了种群的出生力；如果是一个密度低或者是一个衰退型种群，迁入不仅能增加种群的密度，而且能带来新的遗传基因，从而使衰退种群得以恢复，这已成为保护珍稀濒危生物的一种重要手段。

在环境发生改变时，动物个体会趋利避害，迁入相对有利的环境。扩散几乎是所有动物皆具有的特性，尽管迁移距离因动物种类不同而有很大的不同。活动性强的动物很容易完成长距离的迁移。对于那些活动性差的动物，往往很短距离的迁移，对它们的生活，甚至生存都是至关重要的。即使像藤壶、海鞘等定居生活的动物，在其生活史的某个时期也有迁移分居的特性。

扩散是种群在空间的一种运动方式，也是种群数量增长后或种群的行为中必然发生的结果。表示扩散的指标是扩散的空间范围或距离，说明害虫扩散能力与生态学意义的则是以时间为单位的扩散速度。决定扩散范围或扩散速度的因素，除种群本身的活动力外还受食物、地形、热量、水分以及有关空间变化的人为因素的作用。

在进行扩散试验过程中可利用标志过的动物，在某一点释放，一定时间后在不同的距离内再捕捉或再诱集，根据这些资料即可对动物的扩散习性进行估计。

1. 偏离度的估计

Dobzhansky 等（1943）在进行果蝇扩散实验时指出，果蝇的扩散距离是不一样的。可以用扩散数的频率正态曲线与释放点的距离的偏离度来进行度量。

Kurtosis 使用下式计算偏离度：

$$K_u = \frac{N\Sigma d_p^4}{(\Sigma d_p^2 n_p)^2}$$

式中：N 为在诱捕点诱捕到的动物总数，d_p 为重捕点与释放点的距离，n_p 为与释放点等距离的各重捕点捕到的动物总数。当 $K_u=3$ 时，为一正态曲线；$K_u>3$ 时，为一扁平曲线；$K_u<3$ 时，为一阶峭形曲线。

2. 扩散率

在上述果蝇实验中，扩散速度是用比较果蝇释放后一系列时间内方差的变化来测定的。如果果蝇的扩散速度是一致的，则方差变化是一常数；如果扩散数与距离的曲线不是正态时，方差可用下式估计：

$$S^2 = \frac{\pi \Sigma d_p^3 \bar{n}_p}{C + \Sigma d_p \bar{n}_p}$$

式中：$\bar{n}_p$ 为在与释放点一定距离的诱捕点发现的动物平均数；C 为在中心诱器中发现的动物数。

C1ark（1962）提出扩散率（或扩散速度）是随着释放后的时间而变化的。释放后每天扩散距离的平均平方根(D)可用下式计算：

$$D=\sqrt{\frac{\Sigma(d^2)}{N}}$$

式中：d 为重捕捉点与释放点的距离，N 为再捕捉动物数。

应用实例：

现进行 120 只蟋蟀扩散实验，除在释放中心发现有 8 只，其余各诱捕点的捕获蟋蟀数如表 17-1。

表 17-1 蟋蟀扩散实验记录表

诱捕点	离中心距离				
	2m	4m	6m	8m	10m
1	5	2	2	1	0
2	7	1	1	2	1
3	9	3	2	0	0
4	4	5	0	1	1
5	6	3	3	2	1
6	9	4	2	2	1
7	5	5	1	0	1
8	8	6	3	1	2
$\bar{x}$	6.63	3.63	1.75	1.13	0.88
Σ	53	29	14	9	7

$$N=53+29+14+9+7=112$$

$$\sum d_p^4=2^4+4^4+6^4+8^4+10^4=15664$$

$$\sum d_p^2 n_p=2^2\times 53+4^2\times 29+6^2\times 14+8^2\times 9+10^2\times 7=2456$$

$$\sum d_p^3 \bar{n}_p=2^3\times 6.63+4^3\times 3.63+6^3\times 1.75+8^3\times 1.13+10^3\times 0.88=2121.92$$

$$\sum d_p \bar{n}_p=2\times 6.63+4\times 3.63+6\times 1.75+8\times 1.13+10\times 0.88=56.12$$

$$K_u=\frac{N\Sigma d_p^4}{(\Sigma d_p^2 n_p)^2}=\frac{112\times 15664}{2456^2}=0.291$$ Ku<3 时，为一阶峭形曲线

$$S^2=\frac{\pi\Sigma d_p^3 \bar{n}p}{C+\Sigma d_p \bar{n}_p}=\frac{3.1416\times 2121.92}{5+56.12}=109.07$$

$$D=\sqrt{\frac{\Sigma(d^2)}{N}}=\sqrt{\frac{220}{112}}=1.40$$

【实验材料】

(1)实验器材:塑料盆(直径大于50cm)、卷尺、记号笔。

(2)实验动物:三角涡虫、蚯蚓等。

【实验步骤】

1. 三角涡虫的扩散实验

(1)用红色玻璃笔在塑料盆底画若干等距离同心圆(5cm或10cm),并从同心圆中心点画出4或8条等角度间隔的辐射线。

(2)把已准备好的水(过夜曝气的自来水或清洁的河水)倒入塑料盆中,水深约为3~4cm。

(3)用记号笔在三角涡虫的外表进行标志。

(4)把已标志的30只三角涡虫均匀地集中在同心圆中央,同时测量水温,记录开始时间。

(5)每隔30min观察记录1次,观察每个同心圆层各个方位角度三角涡虫的数目。实验持续时间为2h。

(6)设置不同水温或光照强度,重复步骤(3)—(5)。观察水温和光强对三角涡虫扩散的影响。

2. 蚯蚓的扩散实验

(1)在校园中选择一块直径为10~15m的平地,每间隔1m划一个同心圆,并由同心圆中心点画8条等角度间隔的辐射线。同心圆最外一圈用石灰标志,以防蚯蚓逃逸。其余的圆和辐射线用不影响蚯蚓扩散的物质标志。

(2)用红色玻璃笔在蚯蚓外表标上记号,放在同心圆的中心区,记录开始时间。

(3)每1h记录1次,实验持续时间最好为1个昼夜。

(4)用不同数目的蚯蚓,各角度范围的不同条件(如湿度、食物、光照等)进行对比实验,观察蚯蚓的密度及环境条件对蚯蚓扩散运动的影响。

【注意事项】

蚯蚓的扩散实验对地点和天气都有一定的要求:实验地的地面不能太干燥,天气也不能太干热;最好选择太阳不能直射的地点。

【作业】

根据实验结果,分析各种环境因子(如光照、水温、湿度、食物等)对三角涡虫或蚯蚓扩散的影响。

(项贤领)

实验18 生命表的编制

【实验目的】

(1)了解生命表的类型及其结构;

(2)通过给定种群各年龄时期的存活个体数,计算生命表各特征值,理解种群生命期望的含义,领会生命表的生态学意义。

【实验原理】

生命表(life table):是描述种群存活和死亡过程的一种统计表格。它记录了生物发育的不同年龄阶段的出生率和死亡率,系统地表示出种群完整生命过程,是研究种群数量动态必不可少的方法。通过生命表,还可以计算出种群生命期望值、绘制出存活曲线等重要信息。

生命表一般可以分为如下几种类型:

(1)动态生命表:以一群同年龄个体为起始点,始终跟踪各年龄阶段的种群动态,记录其繁殖和死亡个体数,直至该年龄群全部死亡为止。适用于世代周期短、世代不重叠的种群。

(2)静态生命表:假设不同年龄段种群的大小和结构相同的前提下,对一时刻各年龄段个体的调查统计而制成的生命表。适用于世代重叠且稳定的种群。

(3)图解生命表:将某世代个体数的动态特征以图解的形式直观地表现出来便成了图解生命表。适用于生活史简单的种群。

总之,生命表是描述种群死亡过程及存活情况的一种有用工具,它包括了各年龄组的实际死亡数、死亡率、存活数及平均期望年龄值等。根据生命表绘制的种群存活曲线图可以直观地描述种群的时间动态。

生命表各特征值及其定义(参见表18-1):

表18-1 生命表

年龄(x)	存活数(n_x)	存活率(l_x)	死亡数(d_x)	死亡率(q_x)	L_x	T_x	生命期望(e_x)
0							
1							
2							
…							
n-1							
n							

x＝年龄分段；

n_x＝在 x 期开始时的存活个体数(原始数据)；

l_x＝x 期开始时的存活率(n_x/n_0)；

d_x＝从 x 到 x＋1 期的死亡个体数(n_x-n_x+1)；

q_x＝从 x 到 x＋1 期的死亡率(d_x/n_x)；

L_x＝从 x 到 x＋1 期的平均存活数($(n_x+n_x+1)/2$)；

T_x＝进入 x 期的全部个体在进入 x 期以后的存活总个体值（$T_x=L_x+L_x+1+\cdots\cdots$）；

e_x＝x 期开始时的平均生命期望或平均余年(T_x/n_x)。

【实验材料】

可以选用调查或利用已有的资料，如利用调查某地区斑羚种群的年龄数据编制生命表，原始数据见 18-2。

表 18-2　根据某地区斑羚年龄编制生命表

年龄(x)	存活数(n_x)	存活率(l_x)	死亡数(d_x)	死亡率(q_x)	L_x	T_x	生命期望(e_x)
0	1000						
1	945						
2	880						
3	865						
4	800						
5	735						
6	415						
7	249						
8	132						
9	99						
10	66						
11	33						
12	0						

【实验步骤】

(1)划分年龄阶段 x：根据研究物种的生活史特征，划分年龄组。人通常采用5年为一年龄组；盘羊、鹿等以 1 年；鼠类以 1 个月为一年龄组。对于一年生昆虫等则根据个体发育的特征(如若虫的龄期)具体划分年龄组。

(2)调查各年龄段开始时的个体存活数，详细记录得生命表的原始数据 n_x。

(3)依据原始数据 n_x 计算并填写生命表的其他各项特征值，完成如下表格，并得出研究种群的生命期望 e_x。

【作业】

1. 根据生命表各特征值的定义，计算并完成上表。

2. 在编制生命表程序中必须满足什么样的条件？

3. 从上生命表中，你能否看出该种群的生命力最强的时期，其生命力弱的是什么年龄阶段？

（王友保）

实验19 植物化感作用的研究

【实验目的】

(1)认识植物的化感作用及其对生态系统结构和功能的重要影响,并从中了解从分子水平研究生物与环境相互作用机理的重要性;

(2)本实验通过植物组织浸提液对供体植物和受体植物产生的化感作用的认识和验证,提高对不同生物种间生化作用的认识。

【实验原理】

在植物群落中,常有一些植物能产生并向环境中释放一些化学物质(化感物质),影响(抑制或刺激)邻近异种或同种植物的生长和发育,这种作用就叫做植物间的化感作用(allelopathy)。

化感作用的基本定义明确了化感作用的3个基本特征:

(1)相互起作用的主客体均是植物;

(2)相互作用的化学物质是植物释放到环境中的次生代谢物质,不包括在植物体内变化运转的次生物质;

(3)化感物质主要用于影响自身或邻近植物的生长发育,植物释放的化学通讯(如报警)物质和环境污染物等不属于化感作用基本定义的范围。

化感作用在自然界中广泛存在,如黑胡桃树能分泌具有毒性的胡桃醌,当胡桃醌的浓度为20 μg/ml时就能抑制其他植物种子的发芽; 柠檬桉树叶中挥发出萜烯等化感物质,能强烈抑制萝卜种子的发芽;桉树叶中被水冲洗下来的化感物质主要是酚类,它们对亚麻的生长有明显的抑制作用等等。

植物化感作用是生态系统中种间相互作用的重要途径,在植物群落的组成和分布、生态系统演替过程和物种替代机制、外来种的生态入侵等方面起着重要作用。在森林更新、建造人工林、作物重茬退化、作物间作与混作、枯落物覆盖等生产实践中,化感作用也具有重要应用。

【实验材料】

(1)实验器材:植物培养箱;直径15cm的培养皿36只;直尺;天秤;石英砂。

(2)实验植物:小麦、玉米种子若干;新鲜玉米叶片。

【实验步骤】

(1)取处于生长盛期的新鲜玉米叶片若干,用天平准确称量 200 g,共 5 份,切碎后分别用 1000ml Hoagland 营养液浸泡 12 h、24 h、36 h、48 h、60 h，以不添加任何浸提液的 Hoagland 营养液为对照,共设置 6 个梯度备用。

(2)将 36 只培养皿分成小麦种子培养组和玉米种子培养组 2 组,每组 18 只。再按 6 个梯度编好号并依次放好,每个梯度设置 3 个重复。在每一培养皿中加入高温消毒过的石英砂 100 g,之后按梯度分别加入不同浸提时间的浸提液 20 ml,分别按小麦 40 粒 / 皿、玉米 15 粒 / 皿将两种种子播种到加有不同浸提液的培养皿。

(3)将处理好的培养皿放入 20℃的培养箱中培养,从次日起每天加添 5 ml 相应的浸提液。

(4)培养 150 h 后,分别统计出苗率、苗高、根干重和苗干重,并计算不同浸液对两种种子及幼苗产生的化感作用,并计算出化感效应。

化感效应的计算用 Willimson（1988）法分析：

$$RI=1-C/T(T\geq C)$$

或

$$RT=T/C-1(T<C)$$

其中 RI 表示化感效应,C 表示对照值,T 表示处理值。当 $0<RI<1$ 时,化感物质具有促进作用,当 $-1<RI<0$ 时,化感物质具有抑制作用,RI 绝对值大小与作用强度一致。

【作业】

1. 测量出每一培养皿中植物的出苗率、苗高、根干重和苗干重,取其平均值并填入下表,再分别计算出相应的化感效应。

表 19-1　不同浸提时间的玉米叶浸提液对小麦和玉米种子几项生理指标的影响

浸提液梯度	小麦				玉米			
	出苗率	苗高	根干重	苗干重	出苗率	苗高	根干重	苗干重
对照组(CK)								
浸提液(12h)								
浸提液(25h)								
浸提液(36h)								
浸提液(48h)								
浸提液(60h)								

2. 根据统计测验结果，分析玉米叶片浸提液在小麦和玉米两种幼苗中产生的化感作用差异;分析不同浸提时间的浸提液化感作用的差异。根据分析结果,结合自己掌握的生态学的相关知识,谈谈你对化感作用在生态系统中的作用有何认识。

（王友保）

实验 20　种 - 面积曲线的绘制

【实验目的】

通过特定群落种 - 面积曲线的绘制，掌握确定样方最小面积的方法。

【实验原理】

此法开始使用小样方，随后用一组逐渐扩大的巢式样方，逐一统计每个样方面积内的植物总数，以种的数目为纵坐标，样方面积为横坐标，绘制种 - 面积曲线。此曲线开始陡峭上升，而后水平延伸，有时会再上升。曲线开始平伸的一点即群落最小面积，它可以做为样方大小的初步标准。杨宝珍等（1964）对内蒙古羊草、大针茅草原进行过此类测定，最初样方面积为 1/100m^2，依次扩大为 1/16，1/8，1/4，1/2，1，4，8 和 16m^2。结果发现，1/2m^2 已达曲线的转折点，面积再扩大 1/10，种数不超过 5%。法国 CEPE 的生态学工作者用标准化了的巢式样方研究世界各地不同草本植被类型的种类数目特征，所用样方面积最初为 1/64m^2，之后依次为 1/4，1/2，1，2，4，8，16，32，64，128，256，512 m^2 等。他们把每含样地总种数 84%的面积为群落最小面积。对于阿尔卑斯山海拔 2200m 以上的高山草甸而言，这一面积为 1m^2，温带典型草甸为 4m^2，温带原为 8m^2（在内蒙古草原的调查结果与此相符合），地中海地区草本植被为 16m^2，荒漠为 128 ~ 256m^2。而撒哈拉沙漠 512m^2。他们还发现，种数占 20%的优势植物其盖度占总盖度的 80%，种数仅为总数 15%的优势种却占群落总体积的 85%。

【实验材料】

钢卷尺或划有刻度的尼龙绳、方格纸、记录表格等。

【实验步骤】

根据实习场所的方便，选取两种不同的群落（如灌丛，荒漠，草原，草甸，沼泽等），按 CEPE 巢式样方统计植物种，记入表 20–1。并将结果绘制种 - 面积曲线。

【作业】

1. 如按面积扩大 1/10，种数增加不超过 5%，所研究群落的最小面积为多大？如按包括样地总种数 84%计算，最小面积又是多大？你认为适宜的样方面积多少？

2. 如以“群落表现面积”或“种的分布格局”衡量，最小面积又是如何？

3. 应注意最小面积与种的生活型以及群落中种的多样性有关。

注：样方面积应略大于最小面积。对草本群落一般为 1～4m^2，灌木群落4～16m^2，北方森林 100～400m^2，热带森林可能需要 1000m^2 以上。

表 20-1 巢式样方记载表

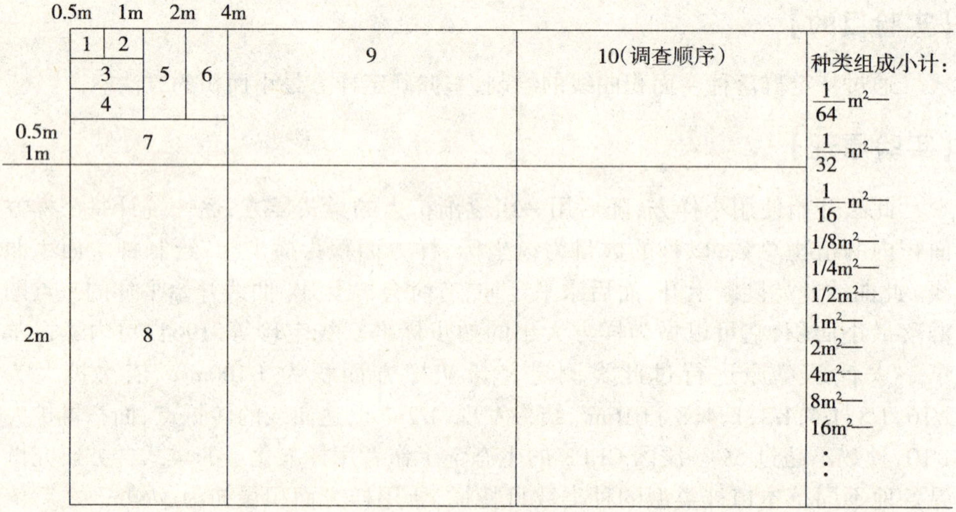

续表 1

面　积	序号	植物名称	面　积	序号	植物名称
	1			23	
	2			24	
	3			25	
	4			26	
	5			27	
	6			28	
	7			29	
	8			30	
	9			31	
	10			32	
	11			33	
	12			34	
	13			35	
	14			36	
	15			37	
	16			38	
	17			39	
	18			40	
	19			41	
	20			42	
	21				
	22				

（储　玲）

实验 21　植物群落数量特征的调查

多度、密度、盖度、频度、优势度、重要值等数量特征是反映群落组成结构、群落变异及群落之间比较分析的依据。进行群落学研究，这些数量特征是必不可少的。调查获取数量特征资料的方法很多，这里仅介绍几种常用的方法：样方法、样线法和点样法。

Ⅰ. 样方法

【实验目的】

掌握用样方法调查群落数量特征的方法，并对调查数据进行整理，达到识别群落的目的。

【实验原理】

样方即方形样地，是面积取样中最常用的形式，也是被调查中使用最普遍的一种取样技术。但其他形状的样地也同样有效，而且有时效率更高。Raunkiaer 在进行频度研究时，最初使用了样方，后来又使用了样圆。并发现对低矮的植物群落类型而言，样圆更为有利。还有人发现，长方形样地显然比方形样地更为有效，因为长方形样地可以包括群落中更多的变异情况。对于草原植被而言，根据统计学理论，0.25 × 4m 或 0.5 × 2m 的样方均比 1 × 1m 的样方效率高。不同形状样地面积换算如表 21–1。

样方的大小、形状和数目，主要决定于所研究的群落的性质和所预期的数据种类。可根据最小面积原则及具体情况决定。确定取样面积之后，还有一个取样数目问题。取样数目越多，代表性亦越大，但取样的目的是减少所花费的劳动和时间。

取样误差与取样数目的平方成反比，如想减少 1/3 的误差，就要增加 9 倍取样数目。这种关系可用下图表示（图 21–1）。

在 α 点之前，估计误差下降很快。当 N 大于 α 之后，估计误差显著变缓。而当 N≥b 时，估计误差的变化不大。因此，为了减少误差，必须增加观测数目。但当 N 值达到一定数目之后，再增加对改进误差的效果就不大了。

表 21-1　不同面积和形状样地的换算表

面积	圆形（半径）	正方形（边长）	长方形（边长 1∶2）	长方形（边长 1∶5）	长方形（边长 1∶10）
1	0.56	1.00	0.71 × 1.41	0.44 × 2.20	0.32 × 3.16
2	0.80	1.41	1.00 × 2.00	0.63 × 3.16	0.45 × 4.47
3	0.98	1.73	1.22 × 2.44	0.78 × 3.86	0.55 × 5.48
4	1.13	2.00	1.41 × 2.82	0.89 × 4.45	0.63 × 6.32
5	1.26	2.24	1.58 × 3.16	1.00 × 5.00	0.71 × 7.07
10	1.78	3.16	2.24 × 4.47	1.41 × 7.07	1.00 × 10.00
20	2.52	4.47	3.16 × 6.32	2.00 × 10.00	1.41 × 14.14
30	3.09	5.48	3.94 × 7.88	2.45 × 12.25	1.73 × 17.32
40	3.57	6.32	4.47 × 8.94	2.83 × 14.15	2.00 × 20.00
50	3.99	7.07	5.00 × 10.00	3.16 × 15.81	2.24 × 22.36
100	5.64	10.00	7.07 × 14.14	4.47 × 22.36	3.16 × 31.62
200	7.98	14.14	10.00 × 20.00	6.32 × 31.62	4.47 × 44.72
300	9.77	17.32	12.25 × 24.50	7.74 × 38.70	5.48 × 54.77
400	11.28	20.00	14.14 × 28.28	8.94 × 44.70	6.32 × 63.24
500	12.62	22.36	15.81 × 31.62	10.00 × 50.00	7.07 × 70.71
1000	17.84	31.62	22.36 × 44.72	14.14 × 70.71	10.00 × 100.00

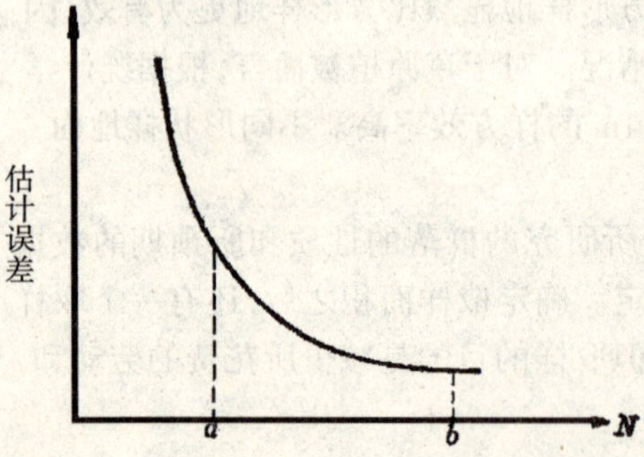

图 21-1　取样数目(N)与估计误差的关系

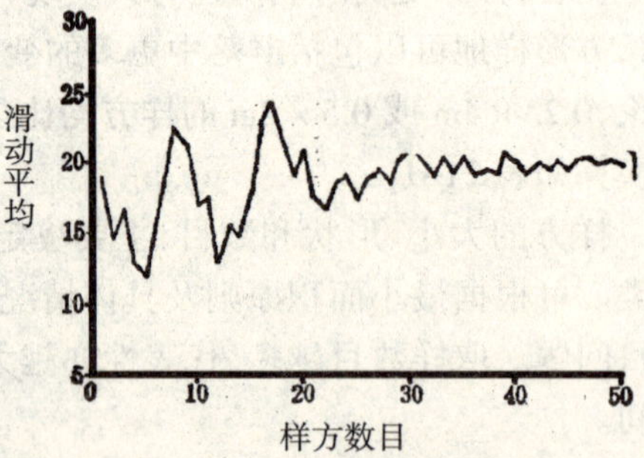

图 21-2　估算所需样方最小数目的一个简单试验滑动平均或方差对样方数目的相关曲线（引自 Godsmith 等，1976）

实际上采用的数目是介于很大的理想数目和花费很少时间的极少数目之间的折衷数。可以通过一个简单的实验获得应采用的最小数目的标准，即绘制滑动平均值或方差对取样数目的相关曲线，摆动趋于平缓的一点的样方数，就是取样的最小数目（图 21-2）。

根据对内蒙古草原的研究，对于种类组成、地上部分生物最等数量指标，6 个 $0.5m^2$（$0.5\times 1m$）的样方或 4 ~ 5 个 $1m^2$（$1\times 1m$）的样方均可达到满意的结果。

【实验材料】

样方框、卷尺、方格纸、记录表格等。

【实验步骤】

每 6~8 人一组，在选定的样地上进行调查并填写表 21–2。应说明的是，应根据不同的调查目的而确定测量项目。如以确定植被性质为目标，就不一定进行耗时过多的重量测定；测定了密度，就不一定再记载多度。如进行群落的定量分析，必须取得确切的数据。德氏多度与盖度级等估测指标不便于定量计算，但对群落性质的一般了解，这两个指标具有快速、方便的优点。此外，为了评价草场资源而进行地上生物量测定，再根据各个种的其他相对数值推算各个种或不同类群的重要比例。

样方法对重量、密度两项数量指标是方便可靠的，可提供比较客观的实测数据。用来测定频度，受样方大小影响甚大；对盖度的测定，不如其他方法客观（如样线法、点样法）。现在作为练习，要求一律按表 21–3 所规定的项目认真填写。

每组填写完毕后，按重量、重量值及优势比分别计算、整理，按作用的大小排列各个种，并进行比较、分析。

表 21–2　草原植被野外调查表

图幅号______ 样地编号______ 经纬度______ 调查地区______ 调查地点______

调查日期____年____月____日 植被类型______ 调查人______ 群落名称______

地形（附简图及样地部位）海拔______ 坡向______ 坡度______

地表状况（微起伏、岩石出露否、有无水蚀、龟裂等）______

地面覆盖%______ 裸露______ 砾石______ 凋落物______ 草群______

土壤类别及名称______ 土壤记载编号______

土壤一般特点（基岩、土层厚度、质地、A 层厚度、颜色、pH 反应）______

群落分布范围、边界、组合______

利用现状及人类影响程度（未利用、利用适中、利用过度等）______

群落外貌、季相、成层现象及镶嵌现象______

水分补给状况______ 畜牧业供水状况______ 野生动物活动______

对本群落类型的野外评价______

表 21-3 种类组成描述

样地号：________记载面积：________调查日期：________记载人：________总盖度：________

植物名称	营养苗高度		生殖苗高度		株(丛)幅		盖	多	密	物	重量(克)				频度										
	最高(cm)	平均(cm)	最高(cm)	平均(cm)	平均(cm)	最大(cm)	度	度	度	候	鲜重	%	干重	%	1	2	3	4	5	6	7	8	9	10	%

英美常用的数量指标是重要值，现举一调查实例(J.T.Curtis1962)，供整理样方资料时参考。为取得重要值，可在调查表格中抽出下列各项填入表 21-4。

表 21-4 样方抽样技术植被分析简表

日期:____地点:____群落(编号或类型):____观测人姓名:____样方大小:____

种名	数量指标						
	密度	相对密度	优势度	相对优势度	频度	相对频度	重要值

下面是一个调查结果的实例（表 21-5）。调查是在一阔叶林中进行的，按表 21-5,共做 20 个样方。其中 4 个树种的调查结果如表 21-5(20 个样方平均)。

表 21-5 样方调查结果的整理

植物种	出现样方数	株树	基面积	相对频度%	相对密度%	相对优势度%	重要值
槭	17	75	3921	17/41=41.5	75/126=59.5	3921/9484=41.3	142.3
铁杉	10	22	1928	10/41=24.1	22/126=17.4	1928/9484=20.3	62.1
椴	8	23	1320	8/21=19.8	23/126=18.3	1320/9484=13.9	51.7
黄桦	6	6	2315	6/41=14.6	16/126=4.8	2315/9484=24.5	43.9
总计	41	126	9484	100.0	100.0	100.0	300.0

每一样方平均株数 126/20=6.3

每英亩株数 6.3 × 40=252

每一样方的基面积 9484/20=474.2

每英亩基面积 474.2 × 40=18968

可以看出,上述调查项目及记载方法便于数量统计,可以利用这种数据进行种的多样性、梯度分析、排序、数量分类及演替的研究。但在草原调查中,尤其当草群较密时,不同种的优势度数值(盖度或基面积)不易确定,密度的确定也有困难。此外,如想获得地上产量资料,还要进行特别测定。

【实验讨论】

1. 对所研究的群落而言,取哪些数量指标较为合适? 为什么?

2. 试分析重要值与优势度的异同。

Ⅱ. 样线法

【实验目的】

通过样线技术分析群落的数量特征，掌握样线技术，以及根据研究目的决定取样数目与样线长度。

【实验原理】

样线法实际上也是一种面积取样技术。1936 年 H. L. Bauer 用样线法研究了 Ohaparral 群落。1939—1941 年间，美国西南部草地群落研究中也发展了样线技术。Canfield（1941，1944）在半干旱地区植被研究中不但将样线法用于植物组成分析，而且将此法应用在植被动态研究中。此后，在北美与澳大利亚亓地植被研究中都广泛使用样线法。

通常先主观选定一块代表地段，并在该地段一侧设一基线，然后沿基线用随机或系统取样选出一些测点，这些点可做为通过该地段样线的起点。

样地选定之后，先填写样方法中所介绍的总表，对群落一般特征和生境条件进行记载，然后再进行样线测定和记载。如有两组人也可同时开展这两项工作。

设置样线可使用 20～50m 或更长的卷尺。借助其刻度可以区分为确定频度所需要的任何区段，同时也可记载被样线所截的每株植物的长度。如缺少卷尺，可利用标有等距记号的测绳、电线等。

设好样线之后，从一端开始，登记被样线所截（包括线上、线下）植物。对所截取的植物记载三个测定数据：①样线所截长度 L；②植物垂直于样线的最大宽度 M；③所截个体数目 N。

为了节省时间及取得满意的调查结果，还要对研究类型确定样线长度及取样数目。因为取样数目的多寡决定于研究对象的变异大小。我们通常用方差来表示变异大小，那就是说取决于方差的大小。倘若方差很小，取样数目就可以少；方差很大，取样数目就要多。当样本平均已知，总体期望 95%的置信区间应为：$\bar{x} \pm 1.96\frac{Sx}{\sqrt{N}}$（1.96 一般简化为 2）如果再给出符合精确度要求的容许误差范围 D，即 $2\frac{Sx}{\sqrt{N}}$ 的最大摆动不得超过 $\bar{x}\cdot D$，则 $2\cdot\frac{Sx}{\sqrt{N}}=\bar{x}D$　$N=\frac{\triangle Sx^2}{\bar{x}^2 D^2}$，这里的 N 就是针对某项研究所要求的取样的数目。公式中的 Sx^2 可以根据少量样方的调查求出，办法是先找出数据变异的最大值和最小值的幅度，查表 21-8 便得出一个估计的方差数值。

【实验材料】

卷尺，铅笔，野外调查表格。

【实验步骤】

(1)在某特定群落类型的分布范围内，沿地面任设一基线。沿该基线可用随机取样，随机分层取样或系统取样程序选出一系列点，以这些点作为通过地段的样线的起点。

(2)每 6~8 名学生为一组，第一组选取 5m、10m、50m 的样线长度；第二组选取 20m、30m、40m 的样线长度的样线都以 1 米长为一个区段，对被样线接触到的植物，分别记录种名、样线所截长度(L)和植物垂直于样线的最大宽度(M)。

(3)汇总各组的数据资料，填入表 21-6。

表 21-6　样线调查记载表

日期______　地点______　群落类型______　观测人姓名______

种名	样线长									
	5m			10m			…	50m		
	个体总数	区段平均数	S^2x	个体总数	区段平均数	S^2x		个体总数	区段平均数	S^2x
A										
B										
C										
D										
…										

(4)按上述方法找出方差数值，并计算适宜的样线长度。据李博等(1986)的内蒙古草原上的试验，就草原群落而言，6 条 10m 长的线段所取数据，以反映群落的特征。

(5)整理数据，统计确定下列各值，并填写表 21-7。

表 21-7　样线法测定表

群落名称或样地编号_____地点_____样线长度(L)_____区段数目_____

种名	项目										
	N	BN	L	1/M	D	RD	C	RC	F	RF	IV

①每种植物的个体数(N)，②登记有某种植物的区段数(BN)，
③所截长度的总和(ΣL)，④植物垂直样线最大宽度倒数的总和($\Sigma\frac{1}{M}$)，
⑤密度(D)，⑥相对密度(RD)，
⑦盖度(C)，⑧相对盖度(RC)，
⑨频率(F)，⑩相对频度(RF)，
⑪重要值(IV)，⑫优势度(IX)

其中部分指标计算办法如下：

$$D=\left(\Sigma\frac{1}{M}\right)\cdot\left(\frac{\text{平方米}}{\text{样线总长}}\right)$$

RD=一个种的密度 / 所有种的总密度 × 100%

C=一个种被截长度的总和 / 样线总长 × 100%

RC=一个种被截长度的总和 / 所有种被截长度的总和 × 100%

F=出现该种的区段数 / 样线区段总数 × 100%

RF=一个种的加权频率 */ 所有种的总加权频度 × 100%

* 加权频度=出现该种的区段数 × 加权系数(f)；$f=\Sigma\frac{1}{M}/N$

IV=(RD+RC+RF)/3

【实验讨论】

不同样线长度下计算的密度等数量特征值有无差别？哪些数量指标与样线长度变化的关系大？为什么？

表 21-8 根据数据变异幅度估计标准差和标准误

样方数目	a_n	$\alpha_n\sqrt{n}$
2	0.8862	0.6263
3	035938	0.3411
4	0.4857	0.2428
5	0.4299	0.1922
6	0.3946	0.1611
7	0.3698	0.1397
8	0.3512	0.1241
9	0.3367	0.1122
10	0.3249	0.1027
11	0.3152	0.2951
12	0.3069	0.0886
13	0.2998	0.0832
14	0.2935	0.0789
15	0.2880	0.0744
16	0.2831	0.0708
17	0.2787	0.0676
18	0.2747	0.0647
19	0.2711	0.0623
20	0.2677	0.0598
30	0.245	
40	0.231	
50	0.222	

注：标准差=a_n× 变异幅度；标准误=($\alpha_n/\sqrt{n}$)× 变异幅度

Ⅲ. 点样法

【实验目的】

了解点样法的基本原理，掌握用点样法测定群落数量指标的技术。

【实验原理】

点样法对草本群落的调查常能得到满意的结果。它主要用来测定群落总盖度、各个种的盖度及频度，并据此计算种在群落中的相对重要值。原理十分简单，在任一有限小的面积内，草群只能有三种情况：全部覆盖、部分覆盖和全部未覆盖。当样地无限小而接近一个点时，只能有完全覆盖和完全不覆盖两种情况，所以根据接触点对全部样点的比例，可以计算盖度。同时在这种情况下，种的盖度值亦即它的频度值。此外，点样法还可测定不同种的相对体积。通过一个种的接触次数对所有种的接触次数的比，即可获得该种的相对体积值。

相对频度＝一个种的接触点数 / 全部样点数，

相对体积＝一个种的接触次数 / 所有种的接触次数。

【实验材料】

卷尺，细铁针，野外调查记录表，计算器。

【实验步骤】

(1)每 6 ~ 8 人为一组，在前次做样方的四个群落中，任选两个群落，进行点样测定。

(2)测定前将 4m 长的卷尺沿草群基部设置在选好的地段上，再沿此尺每 4cm 设一测点(共 100 个测点)，以相当自行车辐条粗细的铁针垂直插在样点上(用一根铁针依次移动)，分别记录每个测点上出现的植物种与每个种在该测点上出现的次数。将测定结果记入表中。

(3)根据表中资料，计算每种植物的盖度(即出现点数)、接触贡献(接触次数)、相对盖度、相对接触贡献等，按作用大小排列种的顺序，并与样方法进行比较。

【实验讨论】

(1)点样法适合于哪些群落类型？适用于哪些数量指标的测定？

(2)样方法、样线法及点样法各有什么优缺点？

表 21-9 点样法测定的原始记录表

样地号:________;日期:________;记录人:________

物种
0
4
8
12
16
20
24
…
396
合计

（张 杰）

实验 22　植物群落的生活型分析

【实验目的】

通过实验使同学掌握划分植物生活型的方法，并通过不同地区和不同植被类型植物生活型的分析，进一步认识植物与环境的关系及划分植物生活型的生态意义。

【实验原理】

植物生活型是植物营养器官对环境适应的表现形式。属于同一生活型的植物,常具有相同的体态和外貌,是特定生物气候作用下的产物。关于植物生活型的分类有各种标准和系统,这里采用两种:一是郎基耶尔(C. Raunkiaer)的生活型标准,二是《中国植被》中的生活型系统。

【实验材料】

不同生活型的植物标本。

【实验步骤】

本实验可以在室内进行,也可以利用野外实习机会在野外进行。

室内实验:指导教师提供代表不同生物气候区的三个以上地区植物标本或名录,及典型的不同生活型标本,同学分组按区划分生活型,编制生活型谱。

室外实验:①校园植物生活型分析。先由指导教师提供各生活型的植物标本,引导学生熟悉各生活型的典型特征。然后由教师带领分组学生于校园中指定区域分析生活型组成。②郊区森林公园生活型谱分析,方法同上。

【作业】

1. 按 Raunkiaer 生活型或体态生活型系统计算各类生活型的百分率，填写表 22-1 和表 22-2。

2. 讨论研究植物生活型的生态意义。

3. 讨论陆地原生演替和草原放牧次生演替与植物生活型转换之间的关系。

表 22-1 Raunkiaer 生活型谱表

地区或植被类型	种数	Ph	Ch	H	Cr	Th
Raunkiaer 标准谱	1000	46	9	26	6	13

22-2 体态生活型谱

地区或植被类型 生活型
乔木
灌木及小灌木
半灌木及小半灌木
多年生草本丛生禾草及莎草
杂类草
一、二年生草木
藓及地衣

附:

1. Raunkiaer 生活型系统

丹麦植物学家 C.Raunkiar 强调植物营养体形对气候的适应,并选择了休眠芽在不良季节的位置这一指标,做为生活型的依据,划分出五类生活型:

Ⅰ高位芽植物(Ph),休眠芽或枝梢位于距地面 25cm 以上。依高度分为四个亚类:

① 大高位芽植物:高度>30m,

② 中高位芽植物:高 8 ~ 30m,

③ 小高位芽植物:高 2 ~ 8m 的小乔木或灌木,

④ 矮高位芽植物:高 0.25 ~ 2m 的灌木及小灌木。

Ⅱ地上芽植物(Ch):更新芽位于土壤表面上至 25cm 之间,多为半灌木或草本植物。

Ⅲ地面芽植物(H),又称浅地下芽植物。分非莲座式、半莲座式与莲座式三类。

Ⅳ隐芽植物(Cr):更新芽隐藏在地下或水中,分为三个亚类:

① 地下芽植物:包括鳞茎类、块茎类和根茎类多年生草本植物。

② 沼生植物:更新芽在水下泥土中。

③ 水生植物:更新芽在水中。

Ⅴ一年生草本(Th):以种子越冬。

该生活型,可认为是植物在其历史发展过程中对气候条件适应的结果,其型谱可做为某一地区气候的标志。同时，在同一个生物气候区内，通过不同群落生活型谱的比较，可揭示各群落之间结构的差异和生境的差别(表 22–3)。

表 22–3 世界各植物气候带与彼得格勒地区不同植物群落的生活型谱

地区	统计种数	Ph	Ch	H	Cr	Th
高位芽植物气候（非洲赛谢尔群岛）	258	61	6	12	5	16
地上芽植物气候（挪威斯匹茨尔根）	110	1	22	60	15	2
地面芽植物气候（丹麦）	1084	7	3	50	22	18
一年生植物的气候（美国死谷）	294	26	7	18	7	42
彼得格勒地区植被类型 针叶林		24	26	63	17	1
阔叶林		26	4	56	13	1
草甸			1	73	23	3
草本沼泽				47	53	
水藓沼泽		6	49	31	13	1
天然植被		11	16	48	24	1

2.《中国植被》(1980)采用的体态生活型系统(也称生长型)

A. 木本植物

一、乔木

(一) 针叶的

1. 常绿的 ①大乔木：＞25m

②中乔木：8 ~ 25m

③小乔木：＜8m

2. 落叶的 ①大乔木

②中乔木

③小乔木

(二) 阔叶的

1. 常绿的 ①大乔木

②中乔木

③小乔木

2. 落叶的 ①大乔木

②中乔木

③小乔木

(三) 簇生叶的

1. 棕榈型
2. 树蕨型
(四) 叶退化的
1. 落枝的
2. 非落枝的
二、灌木
(一) 针叶的
1. 常绿的
2. 落叶的(缺)
(二) 阔叶的
1. 常绿的 ①大灌木:2~5m
②中灌木:0.5~2m
③小灌木:<0.5m
3. 落叶的 ①大灌木
②中灌木
③小灌木
(三) 簇生叶的
1. 棕榈型
2. 丝兰型
(四) 叶退化的
1. 肉质的
2. 麻黄型的
(五) 垫状小灌木
1. 枝条密集的
2. 枝条松散的
三、竹类
(一) 直立的
1. 散生型
2. 丛生型
3. 混合型
(二) 攀援的
四、藤本植物
(一) 常绿的
(二) 落叶的
五、附生木本植物

六、寄生植物
(一) 寄生
(二) 半寄生
B. 半木本植物
七、半灌木或小半灌木
(一) 半灌木
1. 普通的
2. 多汁的
(二) 小半灌木
1. 普通的
2. 多汁的
3. 叶退化的
(三)垫状小灌木
C. 草本植物
甲、陆生的
八、多年生草本植物
(一) 蕨类
(二) 芭蕉型
(三) 丛生草
1. 密生的 ①禾草
②苔草
③葱类
2. 疏丛的 ①禾草
②苔草
(四)
1. 禾草
2. 苔草
(五)直立茎杂类草
(六) 蔓生茎杀类草
(七) 莲座植物
(八) 垫状草本植物
(九) 草质藤本植物
(十) 肉质草本植物
(十一) 类短生植物
(十二) 附生草本植物

九、一年生草本植物
(一) 一年生蕨类
(二) 冬性一年生(二年生)
(三) 春性一年生
(四) 短生植物
十、寄生草本植物
十一、腐生草本植物
乙、水生的
十二、水生草本植物
(一) 挺水植物
(二) 浮叶植物
(三) 漂浮植物
(四) 沉水植物
D. 叶状体植物
十三、苔藓及地衣
(一) 苔藓
(二) 地衣
十四、藻菌植物
(一) 藻类
(二) 真菌

不同群落类型的优势生活类型不同。在草原群落中,多年生草本植物占绝对优势,而荒漠中除多年生草本植物外,半灌木及小灌木的成分增加,荒漠群落中灌木,半灌木占有优势地位,一年生植物也有所增长。说明不同生活型对外界环境具有不同的适应趋势。

(王友保)

实验 23　群落中种的多样性测定

【实验目的】

通过对群落中种的多样性测定，认识多样性指数的生态学意义及掌握测定种的多样性的方法。

【实验原理】

多样性指数是以数学公式描述群落结构特征的一种方法。在调查了解植物群落的特征及其数量之后，选定多样性公式，就可计算反映该群落结构特征的多样性指数。

种的多样性具有：①是刻划群落结构特征的一个指标；②可作为环境质量评估和资源丰富程度比较的指标；③演替阶段的多样性比较，可作为演替方向、速度为稳定程度的指标。其计算公式多种多样，但大多数的实质相差无几，都表现出组成群落的生物种类越多，其多样性指数越大。本实验采用 Simpson 的多样性指数（λ）：

$$\lambda = 1 - \sum_{i-1}^{S} (Ni/N)^2$$

式中：N 为所有种的个体总数，Ni 为第 i 种的个体数。

【实验材料】

$1m^2$ 样方柜、铅笔、野生调查记录表格。

【实验步骤】

本实验可以在校园内或郊区森林公园中进行。

（1）每 10 ~ 20 名学生为一大组，每 2 ~ 4 名同学为一小组，在几个既定群落类型里分别用样方法测定其种数及每个种的个体数。在每个群落类型中重复取样 10 次，每小组取样 2 次，样方随机设置。

（2）按群落类型整理合并数据，分别计算 Simpson 多样性指数，计算办法见后文附录。

（3）分别绘制 Simpson 多样性指数的平均数控制图，判断不同群落中种的多样性的差别。

(4)比较不同群落类型的种多样性指数,并给以生态学意义上的解释。

【作业】

1. Simpson 多样性指数在群落分析中的作用。

2. 比较不同分组之间的结果,分析相同或相异的原因。

附:测定实例

为了便于直观形象地对计算结果进行分析,常绘制多样性指数平均数控制图。下面以南京紫金山植被调查的原始数据作多样性分析(高北杉,1983)。

表 23-1 南京紫金山植被调查数据(10 个样方,各 $25\times20m^2$)

种名	样方号									
	1	2	3	4	5	6	7	8	9	10
黄檀	4	3	1	5	15	3	4	5	15	
马尾松	3		9	2				11	8	10
枫香	4		4		1		7		10	14
黄连木	1					3	1	4		
栓皮栎	31	3	5		32		3			
四蕊朴						4				2
榔榆	1	2	1		3	4		1	2	
黑松		37	30	37			45			
白栎		1	1			21			1	2
麻栎	7	1								2
紫薇	1	3	2	1						
黑枣				1	1	1				
化香	3					2		12		
苦槠		2					2			
青冈		2					2			
苦木								5		
洋槐						40				2
臭椿									9	
种类数量合计	9	9	8	5	5	7	7	6	6	6
数量合计	55	54	53	46	52	74	64	38	45	32
Simpson 指数	0.66	0.53	0.65	0.35	0.54	0.63	0.49	0.79	0.78	0.72

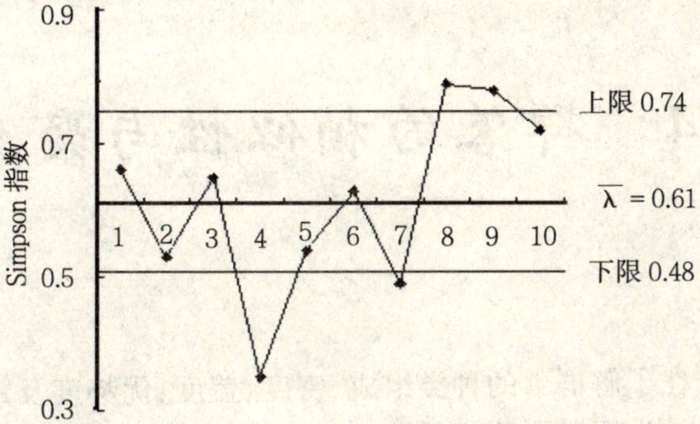

图 23-1　Simpson 多样性指数的平均数控制图

$\overline{\lambda}=0.61$　$S=0.14$

上控限$=\overline{\lambda}+3\dfrac{S}{\sqrt{n}}=0.61+3\times\dfrac{0.14}{\sqrt{10}}=0.74$，下控限 $\overline{\lambda}-3\dfrac{S}{\sqrt{n}}=0.61-3\times\dfrac{0.14}{\sqrt{10}}=0.48$

（王友保）

实验 24 群落的相似性与聚类分析

【实验目的】

通过本试验，在了解群落的种类组成、密度、盖度、优势度及重要值等群落特征的基础上，引导学生探讨群落相似性与聚类分析的基本方法，并掌握相似性及聚类分析的技术要点，培养学生灵活运用所学理论的能力。

【实验原理】

群落的相似性分析与聚类分析是群落排序和分类的基础。

群落的相似性分析是通过对样地调查所得原始数据进行处理，并根据所处理的数据结果判断两个群落(或样方、样地)之间的相似程度。群落相似程度的指标有两类：一类是相似系数，其数值的大小直接反映两群落间的相似程度，数值越大表示越相似；另一类是相异性系数，其数值大小反映两群落间的相异程度，数值越小表示越相似。表征两个群落间相似程度的指标虽多，但在数据处理上基本上都考虑两个因素：①计算两群落(样方)种类组成的相似性，如关联系数；②计算两群落(样方)共有种的数量数据的相似或相异程度，如距离系数。

在植物群落生态学研究中，往往涉及大量有关生物物种和环境因素的观察数据。对这些繁杂的数据，要想探求其内部复杂的生态学关系，唯有使用数量分类方法来达到。例如对群落和环境因素进行客观的分类，就有可能导出生物之间、生物与环境之间的某些相互关系。其中，群落相似性的分析是一切数量分类的基础，因而成为群落生态学重要的研究内容之一。

群落的聚类分析是根据各群落(样方)间的相似关系，将群落归纳为若干组，使组内的群落尽量相似，而组间群落尽量相异，从而在客观上达到对群落分类的目的。在聚类分析中，一般把一些实体作为基本单位，就群落生态学来说，实体可以是样方、标地、地段、群落等，而把描述实体的各种特征作为属性，如种的存在度、种的频度、个体数量等。常见的聚类分析方法有等级聚合分类法、等级分划分类法等，这些分类方法只不过是实现分类过程的手段。

【实验材料】

样绳、皮尺、钢卷尺、野外试验用纸、记录本、记录笔等。

【实验步骤】

1. 样地设置与调查

按照“均匀性、代表性、典型性”的原则在野外不同的自然生境中选择样地，根据实际需要在样地中作面积适当的样方若干个，如 20 m × 20m、10 m × 10m、5 m × 5 m 等。如果设立样方面积较大，可在大样方中沿纵横两个方向分别拉平行线，把大样方分为若干个面积相同的小样方，以利于样方内各种特征的调查。

对作好的样方进行植物调查，样方调查前详细记录样地所在地的环境因子特征，如海拔高度、坡度、坡向等，记录样方内出现植株的种类、每种植株的个体数量、盖度、高度、胸径等属性特征。

2. 群落相似性分析

(1)相似百分数

①计算所调查各样方内植株的重要值，公式如下：

重要值(IV)=(相对多度＋相对频度＋相对盖度)/3

②计算两个样方的相似百分数，公式如下：

$$SI=\frac{2a}{(b+c)}\times 100\%$$

式中：SI 为所比较两个群落的相似百分数，a 为两个群落共有种的重要值之和，b、c 分别为两个群落中非共有种植物的重要值之和。

(2)关联系数

关联系数是较早提出的相似系数，适合于处理二元数据，因此其计算需要 2 × 2 列联表。

①2 × 2 列联表

		X		
		+	−	
y	+	a	b	a + b
	−	c	d	c + d
Σ		a + c	b + d	a + b + c + d = n

表中 x、y 为两个实体(样方)，a 为两个实体(样方)的共有物种数，b 为 y 样方具有而 x 样方不具有的种数，c 为 x 样方具有而 y 样方不具有的种数，d 为 x、y 样方均不具有的种数，n 为总种数。

②利用公式计算均方关联系数并进行卡方检验

$$V^2=\frac{x^2}{N}=\frac{(ad-bc)^2}{(a+b)(c+d)(a+c)(b+d)}$$

式中，均方关联系数 V^2 的取值范围在(0，+1)之间，N 为实体数。

作统计检验时可先测得两样方之间的关联性质 V，V=0 为无关联，V>0 为正关联，V<0 为负关联，再根据 2×2 列联表计算x^2值，查x^2表。因 2×2 列联表的自由度为 1，可以查得其在不同水平上的显著度。

应用实例：

现对两个样方中 13 个种进行调查，获得二元数据如表 24-1。

表 24-1　两个样方的调查结果

样方	种												
	1	2	3	4	5	6	7	8	9	10	11	12	13
1	1	1	0	1	1	0	0	1	0	1	1	0	0
2	0	1	1	0	1	1	0	0	1	0	1	1	0

根据以上数据得下列 2×2 列表：

		样方		
		+	−	
样方 1	+	3	4	7
	−	4	2	6
Σ		7	6	6

利用公式计算均方关联系数并进行卡方检验：

$$V^2=\frac{x^2}{N}=\frac{(ad-bc)^2}{(a+b)(c+d)(a+c)(b+d)}$$

$$=\frac{(6\text{–}16)^2}{7\times6\times7\times6}=0.0567$$

$$x^2=0.0567\times13=0.7371$$

查x^2表得：$x^2=0.7371<x^2_{(\mathrm{df}=1,0.05)}=3.84$

因此上例中样方 1 与样方 2 呈正相关，但相关不显著。

(3)距离系数

以属性数据为坐标，以坐标空间的点表示每个样方，或将每个属性表示成样方空间的点，这样两实体的相异性可以通过点间距离表示，距离越大，相异性越大。所有的距离系数均适用于数量数据，同时也可以处理二元数据。常用的有欧氏距离系数和 Bray-Curtis 距离系数。

①Bray-Curtis 距离系数

$$B_{(j,k)}=\frac{\sum_{i=1}^{p}|x_{ij}-x_{ik}|}{\sum_{i=1}^{p}|x_{ij}+x_{ik}|}$$

式中：j，k 代表不同的样方；i 代表种。

应用实例：

现对 5 个样方中 3 个种的调查结果如表 24-2，试计算其距离系数。

表 24-2 五个样方的调查结果

种	样方					
	1	2	3	4	5	Σ
1	3	8	5	10	4	30
2	5	7	9	6	15	42
3	40	6	11	7	6	70
Σ	48	21	25	23	25	142

$$B_{(1,2)}=\frac{\sum_{i=1}^{p}|x_{ij}-x_{ik}|}{\sum_{i=1}^{p}|x_{ij}+x_{ik}|}=\frac{|3-8|+|5-7|+|40-6|}{|3+8|+|5+7|+|40+6|}$$

$$=41/69=0.5942$$

$$B_{(1,3)}=\frac{\sum_{i=1}^{p}|x_{ij}-x_{ik}|}{\sum_{i=1}^{p}|x_{ij}+x_{ik}|}=\frac{|3-5|+|5-9|+|40-11|}{|3+5|+|5+9|+|40+11|}$$

$$=35/73=0.4795$$

$$B_{(1,4)}=\frac{\sum_{i=1}^{p}|x_{ij}-x_{ik}|}{\sum_{i=1}^{p}|x_{ij}+x_{ik}|}=\frac{|3-10|+|5-6|+|40-7|}{|3+10|+|5+6|+|40+7|}$$

$$=41/71=0.5775$$

同样的方法可以求得其他样方间的距离系数。

②欧氏距离系数

$$d_{jk}=\left[\sum_{i=1}^{p}(x_{ij}-x_{ik})^2\right]^{\frac{1}{2}}$$

也可以用其平方的形式：

$$d_{jk}^2=\sum_{i=1}^{p}(x_{ij}-x_{ik})^2$$

上述两式均可以计算两实体之间的相异系数，式中有关符号含义同 Bray–Curtis 距离系数。

如上例计算方法如下：

$$d_{12}^2=(3-8)^2+(5-7)^2+(40-6)^2=1185$$

因此，$d_{12}=\sqrt{1185}=34.42$

同样的方法可以获得其他任两个样方之间的欧氏距离系数。

群落的相似性分析还可以借助于其他相关系数，如匹配系数、内积系数、信息系数等，这些系数的计算方法可以查阅有关资料，在此不作介绍。

3. 群落的聚类分析

(1)关联分析法

关联分析法一般只适用于二元数据，由 Goodall 最先提出，该法须考察种与种之间的关联系数矩阵，从中找出与其他种关联最大者为分划临界种，常用的关联系数为均方关联系数和卡方系数。现以实例说明其过程如下：

表 24–3 是对 9 个样方中的 6 个物种的调查结果，试利用关联分析法进行群落的聚类分析。

表 24–3　9 个样方的调查结果

种	样方								
	1	2	3	4	5	6	7	8	9
1	1	0	0	1	1	1	1	1	1
2	1	1	1	1	0	0	1	1	1
3	0	1	1	0	0	1	1	0	0
4	1	1	1	0	1	1	0	0	0
5	0	0	0	1	0	1	1	1	1
6	1	0	0	1	1	1	0	1	0

①求出种间关联系数矩阵 C_p

处理原始数据，选定某种关联系数计算 P 个种两两之间的关联系数，列出系数矩阵 $C_p=(C_{hi})(h,i=1,2,3,\cdots,P)$。关联系数矩阵设列时要根据显著性水平来确定，2×2 列联表中算出 X^2 值遵从自由度为 1 的 X^2 分布，可用一定的显著性水平来检验，如 0.1、0.05、0.02 等。当算得的 X^2 值大于或等于上述水平所对应的临界值时，才认为在该水平下两个种 h，i 显著相关，才把 X^2 值记入 C_{hi}，否则令 $C_{hi}=0$。另外，一个种自身关联系数均定义为零；某个种在所考虑的全部样方中数值全为 1 或 0 时，也规定为零，或不考虑该种。

以均方关联系数为相似系数，显著水平确定为 0.1(此时 $X^2=2.706$)。分别计算9 个样方中每两个种的关联系数(同上述关联系数的计算)。列成种间关联系数矩阵。

种	1	2	3	4	5	6
	0	0	0.3571	0	0.3571	0.3571
	0	0	0	0	0	0
C_6 =	0.3571	0	0	0	0	0.3025
	0	0	0	0	0.64	0
	0.3571	0	0	0.64	0	0
	0.3571	0	0.3025	0	0	0

②确定临界种并进行第一次划分

在 C_p 中对每行(列也可)求和,从这些和值中选出最大者,记为 i_0,i_0 即为本次划分的临界值，种 i_0 即为临界种。据此把全部样方分为含 i_0 的组 N_1 和不含 i_0 的组 N_2。

计算上述矩阵各列关联系数之和分别为:

C(1)=1.0718　最大,所以种 1 被确定为临界种。

C(2)=0

C(3)=0.6596

C(4)=0.64

C(5)=0.9971

C(6)=0.6596

因此,9 个样方可分为两类:N_1 组为含物种 1 的样方,包括 1、4、5、6、7、8、9 样方,N_2 组为不含物种 1 的 2、3 样方。

③再分划

对已分划两个组 N_1 和 N_2 分别重复以上过程进行再分划,直至该组在选定的显著性水平上是不能再分的同质组。

首先对 N_1 组进行再分划:

N_1 组数据列表如下:

表 24-4　N_1 组数据表

种	样方						
	1	4	5	6	7	8	9
1	1	1	1	1	1	1	1
2	1	1	0	0	1	1	1
3	0	0	0	1	1	0	0
4	1	0	1	1	0	0	0
5	0	1	0	1	1	1	1
6	1	1	1	1	0	1	0

因种 1 在 N_1 组样方中的数值全为 1,是故该种可不必考虑。按前述方法计算种间关联系数,可得关联系数矩阵如下:

种　2　3　4　5　6

$$\begin{pmatrix} 0 & 0 & 0.5333 & 0 & 0 \\ 0 & 0 & 0 & 0 & 0 \\ 0.5333 & 0 & 0 & 0.5333 & 0 \\ 0 & 0 & 0.5333 & 0 & 0 \\ 0 & 0 & 0 & 0 & 0 \end{pmatrix}$$

同第二步计算上矩阵各列之和如下:

$C(2)=0.5333$；$C(3)=0$；$C(4)=1.066\ 6$；$C(5)=0.533\ 3$；$C(6)=0$。

$C(4)=1.0666$ 最大，故再将物种 4 定为临界种，将 N_1 组分为含物种 4 的 N_3 组（样方 1、5、6）和不含物种 4 的 N_4 组（样方 4、7、8、9）。

对含物种 4 的 N_3 组进行再分划，N_3 组数据列表如下：

表 24-5 N_3 组数据表

种	样方		
	1	5	6
2	1	0	0
3	0	0	1
5	0	0	1
6	1	1	1

因种 4 在 N_3 组样方中的数值全为 1，因此该种可不必考虑。按前述方法计算种间关联系数，可得关联系数矩阵如下：

$$
\begin{array}{c}
\text{种} \quad 2 \quad\quad 3 \quad\quad 5 \quad\quad 6 \\
\begin{pmatrix}
0 & 0 & 0 & 0 \\
0 & 0 & 1.0 & 0 \\
0 & 0 & 0 & 0 \\
0 & 1.0 & 0 & 0
\end{pmatrix}
\end{array}
$$

可见，矩阵中 $C(3)$ 最大，故可将 N_3 分为含种 3 的 N_5 组和不含物种 3 的 N_6 组。

用同样的方法可以发现，前面分出的 N_2、N_4、N_5、N_6 组均为不可再分的同质组，所以分划结束。

④图形表示

把上述的分划结果用树状图表示（如图 24-1），图中每次分划都要表明临界种，包含该种的组用“+”号注明，不含该种的组用“-”号注明；各组中的样方数在方块内用数字表示；纵坐标为关联系数的标度，横坐标表示出显著性水平和各组样方号。

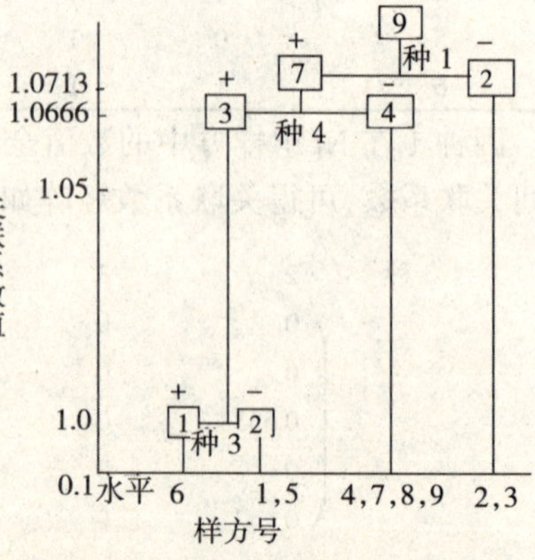

图 24-1 9 个样方关联分析树状图

(2)组平均聚合法

组平均聚合法是按照平均性质的一种聚合方法。设两个样方组 A 和 B 各有 Na、Nb 个样方，从两样方组中各任取一样方所算两者的距离 D_{jk}，共有 N_aN_b 个，其平均距离定义为组 A 和组 B 之间的

距离 D_{AB}。即：

$$D_{AB}=\frac{1}{N_a N_b}\sum_{\substack{j\in A\\k\in B}} D_{jk}$$

现将 A、B 组合并，设有样方 N_a+N_b 个，C 为另一样方组，内含 N_c 个样方，则根据上式得：

$$D_{CAB}=\frac{1}{N_c N_{a+b}}\sum_{\substack{j\in C\\k\in B+B}} D_{jk}\frac{1}{N_c N_{a+b}}(N_c N_a D_{ca}+N_c N_b D_{cb})$$

$$=\frac{N_a}{N_{a+b}}D_{ca}+\frac{N_b}{N_{a+b}}D_{cb}$$

现以实例的形式说明其聚合分类过程：组平均法在计算样方距离中可以用任何一种相异系数，本实例中选用欧氏距离系数。

对 6 个样方中的 4个物种进行调查，结果如表 24-6。

表 24-6　6 个样方 4 个物种的调查结果表

种	样方					
	1	2	3	4	5	6
1	0	4	3	5	1	2
2	2	1	3	0	2	4
3	5	0	4	3	0	1
4	4	1	5	1	4	0

①根据式 $d_{jk}=\left[\sum_{i=1}^{p}(x_{ij}-x_{ik})^2\right]^{\frac{1}{2}}$，计算任两个样方的欧式距离，最终得欧式距离矩阵：

$$\begin{pmatrix}
1 & 2 & 3 & 4 & 5 & 6\\
0 & 7.1414 & 3.4641 & 6.4807 & 5.0990 & 6.3246\\
 & 0 & 6.0828 & 3.3166 & 4.3589 & 3.8730\\
 & & 0 & 5.2915 & 4.6904 & 6.0000\\
 & & & 0 & 6.1644 & 5.4772\\
 & & & & 0 & 4.6904\\
 & & & & & 0
\end{pmatrix}$$

其中最小者为 $D_{24}=3.3166$，第一次合并样方 2 和样方 4，记为 2′。

②根据式 $D_{CA+B}=\frac{1}{N_c N_{a+b}}\sum_{\substack{j\in C\\k\in B+B}} D_{jk}\frac{1}{N_c N_{a+b}}(N_c N_a D_{ca}+N_c N_b D_{cd})$，计算 $D_{12'}$、$D_{2'3}$、$D_{2'5}$、$D_{2'6}$，其他系数不变。列新的距离矩阵：

$$
\begin{pmatrix}
1 & 2' & 3 & 5 & 6 \\
0 & 6.8111 & 3.4641 & 5.0990 & 6.3246 \\
 & 0 & 5.6872 & 5.2617 & 4.6751 \\
 & & 0 & 4.6904 & 6.0000 \\
 & & & 0 & 4.6904 \\
 & & & & 0
\end{pmatrix}
$$

可见，$D_{13}=3.4641$ 最小，第二次合并样方 1和样方 3，记为 $1''$。同上，根据公式计算 $D_{1'',2'}$、$D_{1'',5}$、$D_{1'',6}$，其他系数不变。列新的距离矩阵如下：

$$
\begin{pmatrix}
1 & 2' & 5 & 6 \\
0 & 6.2492 & 4.8947 & 6.1623 \\
 & 0 & 5.2617 & 4.6751 \\
 & & 0 & 4.6904 \\
 & & & 0
\end{pmatrix}
$$

可见，矩阵中 $D_{2',6}=4.6751$ 最小，第三次合并样方 $2'$ 和 6 记为 $2'''$，包括 2、4、6 三个样方，根据公式再计算 $D_{1'',2'''}$、$D_{2''',5}$，列出新的矩阵：

$$
\begin{pmatrix}
1'' & 2''' & 5 \\
0 & 6.2202 & 4.8947 \\
 & 0 & 5.0713 \\
 & & 0
\end{pmatrix}
$$

由上可见，矩阵中 $D_{1'',5}$ 最小，第四次合并 $1''$ 和 5，记为 1°，包括 1、3、5 三个样方。

到此已将全部样方聚合完成。

③图形表示如图 24-2：

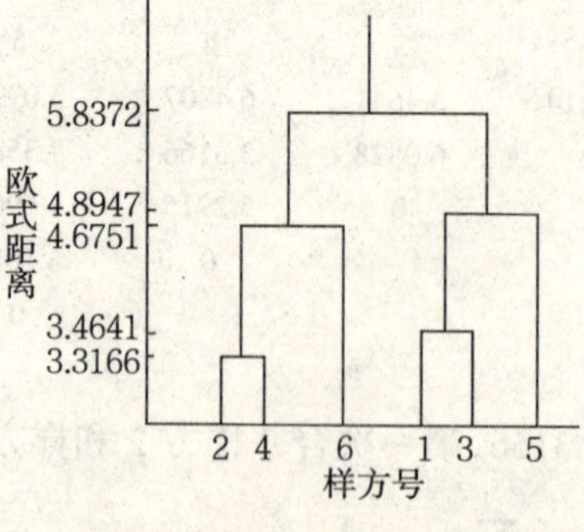

图 24-2　6 个样方组平均法聚合树状图

【注意事项】

(1)关联分析时因每次只用一个种，在种数太少时有可能夸大一些偶见种的作用，建议在样方中去除存在可信度在 95%以上和 5%以下的种，并去除一些种数过少的样方。

(2)群落相似性分析与聚类分析，在样方数较多的情况下，数据处理会相当繁琐，建议用一些相关软件数据处理，如 EXCEL、SPSS 等。

【作业】

1. 群落相似性分析的含义及方法如何?
2. 群落聚类分析的含义及方法如何?

（项贤领）

实验 25 植物群落相似系数的测定

【实验目的】

通过对群落相似性程度的测定，认识群落相似性程度的测定，认识群落系数的生态学意义，掌握测定植物群落相似系数的方法。

【实验原理】

群落系数是用于描述不同群落共同性程度，即相似性的定量表达。它可以帮助我们确定两个不同群落在区系组成方面的相近性。通过不同地区群落系数的比较，可以看出植物随一定生境条件的分布、迁移变化，用于探视群落的“独立性和连续性”观点，于群落的排序有一定的意义。

群落系数的计算表达式方法多样，其中最为常用和基础的是 Jaccard 系数和 Srensen 相似系数。

(1)Jaccard 相似系数，这是多数群落系数计算公式的基础。它是一种最简单的数学表达式，用于两个群落间的相似表达：

$$IS_J=\frac{c}{a+b-c}\times 100\%$$

式中：a 为样方 A 中种的总数，b 为样方 B 中种的总数，c 为样方 A 和 B 中的共有种数。在使用该公式时，应注意它只适用于比较面积相同的样方。

Jaccard 公式只适用于某个种的存在或不存在的二元数据。如果是群落的定量数据(如生物量)，可以采用 Spatz 相似系数；

$$IS_{SP}=\frac{\sum(Mw/Mg)}{a+b+c}\times\frac{Mc}{Ma+Mb+Mc}\times 100\%$$

式中：a、b、c 含义同上。Mw 为样地 A 和 B 中共有种的较小定量值，Mg 为样地 A 和 B 中共有种的较大定量值，Mc 为样地 A 和 B 中共有种的定量值总和，Ma 为样地 A 中独有种的定量值总和，Mb 为样地 B 中独有种的定量值总和。

(2)Srensen 相似系数，其公式如下：

$$IS_S=\frac{2c}{A+B}\times 100\%$$

式中：A 为样地 A 中种的总数，B 为样地 B 中种的总数，c 为二者共有种数。该式求出的值比 Jaccard 值大，较为接近事实。它同样只适用于二元数据，在数据定量处理时，可用 Motyka 公式：

$$IS_{Mo}=\frac{2\sum Mw}{M_A+M_B}\times 100\%$$

式中：Mw 为样地 A 和 B 中共有种的较小定量值，M_A 为样地 A 中全部种的定量值总和，M_B 为样地 B 中种的定量值总和。

【实验材料】

1m² 样方框，铅笔，野外调查记录表。

【实验步骤】

本实验可以在校园内也可以在郊外天然群落中进行。

（1）每 10 ~ 20 名学生一大组，可自行分成若干小组，在几个既定群落中分别按样方法测定其种类组成和各种的个体数及频度。每个群落重复取样 5 次，取平均值。每个大组测定两个群落。

（2）统计整理各群落的数据，填入调查记录表（表 25-1）

（3）按 Srensen 和 Jaccard 相似系统计算公式计算每个大组内的群落相似度，和各组群落间的相似系统。

（4）按 Spatz 和 Motyta 相似系数计算公式计算每个大组间的群落系数。

【作业】

1. 比较 Srensen 和 Jaccard 系数，讨论其优缺点。
2. 讨论分析群落相似系数的生态学意义。
3. 讨论 Spatz 和 Motyka 相似系数与 Srensen 系数 Jaccard 系数的异同。

表 25-1 群落系数野外调查记录表

植物种	样地(对)					
	1		2		3	
	A1	B1	A2	B2	A3	B3
1						
2						
3						
4						
·						
·						
·						
·						

附:群落相似系数计算实例

根据表 25-2 数据,计算上述四种相似系数值(表 25-3)

表 25-2 假设的样地定量数据(植物生物量百分率)(Spatz,1970)

样地		植物种														
		1	2	3	4	5	6	7	8	9	10	11	12	13	14	15
1	A1	44	20	10	8	7	4	2	2	1	1	+	+	+	+	+
	B1	+	+	+	+	+	1	1	2	2	4	7	8	10	20	44
2	A2	44	20	10	8	7	5	·	2	·	2	·	1	·	1	·
	B2	44	20	10	8	7	·	5	·	2	·	2	·	1	·	1

注:"+"是按生物量在0.2%以下估计的,"·"指不含该种植物。

表 25-3 四种相似系数的计算结果

相似系数公式	样地对	计算	结果
$ISJ=\frac{c}{a+b-c}\times 100\%$	1	$\frac{15\times 100}{15+15-15}$	100
$ISJ=\frac{c}{a+b-c}\times 100\%$	2	$\frac{5\times 100}{10+10-5}$	33.3
$IS_{SP}=\frac{\sum(Mw/Mg)}{a+b+c}\times\frac{Mc}{Ma+Mb+Mc}\times 100\%$	1	$\frac{0.178\times 200}{200}$	17.8
$IS_{SP}=\frac{\sum(Mw/Mg)}{a+b+c}\times\frac{Mc}{Ma+Mb+Mc}\times 100\%$	2	$\frac{0.33\times 178}{200}$	29.4
$IS_S=\frac{2c}{A+B}\times 100\%$	1	$\frac{2\times 15}{15+15}\times 100$	100
$IS_S=\frac{2c}{A+B}\times 100\%$	2	$\frac{2\times 5}{100+100}\times 100$	50
$IS_{Mo}=\frac{2\sum Mw}{M_A+M_B}\times 100\%$	1	$\frac{2\times 8}{100+100}\times 100$	8
$IS_{Mo}=\frac{2\sum Mw}{M_A+M_B}\times 100\%$	2	$\frac{2\times 89}{100+100}\times 100$	89

(引自 Muller-Dombois, 1974)

(王友保)

实验 26　水体初级生产力的测定

【实验目的】

了解测定水生生态系统中初级生产力的意义和方法。

【实验原理】

生态系统中的生产过程主要是植物通过光合作用生产有机物的过程，水生生态系统的生产过程起主要作用的是浮游植物。在光合作用与呼吸作用两个过程中，在单位时间、单位体积内所生产的有机物量，即为该生态系统的初级生产力。测定水体初级生产力最通行的方法是黑白瓶测氧法，在黑瓶内的浮游植物，在无光条件下只进行呼吸作用，瓶内氧气将会被逐渐消耗而减少，而白瓶在光照条件下，瓶内植物进行光合作用与呼吸作用两个过程，但以光合作用为主，所以白瓶中的溶解氧量会逐渐增加。

光合作用的过程可以用下列化学反应式来表示：

$$6CO_2 + 12H_2O \rightarrow C_6H_{12}O_6 + 6H_2O + 6O_2$$

或化简式：

$$CO_2 + H_2O \rightarrow [CH_2O] + O_2$$

由反应式可以看出氧气的生成量与有机质的生成量之间存在着一定的当量关系，所以可以通过测定瓶中溶解氧的变化，用 O_2 量间接表示生产量，也可以将 O_2 量转换成 C 量，从 O_2 转换成 C 量的转换系数是 0.375。

【实验材料】

溶氧仪、照度计、电导率仪、采水器、透明度盘、黑白瓶、水桶、pH 计（pH 试纸）、洗瓶、吸耳球、乳胶管、滤纸、卷尺、曲别针。

【实验步骤】

本实验可以在室内大水族箱内进行模拟，也可以到现场（湖或河）中进行。

（1）挂瓶，用采水器采 0～1m 深度的水样（采样深度可分别取 0.00m，0.05m，0.10m，0.15m，0.20m，0.25m，0.30m，0.35m，0.40m，0.50m，0.60m，1.0m），装满试验瓶，灌水时要使水满溢出 2～3 倍。每组试验瓶 3 个，其中一瓶水应立即进行溶氧测定（称 IB 瓶），测定原初溶氧量，另一白瓶（称 LB 瓶）与一黑瓶（称 DB 瓶）装满水后挂入与采水相同深度的水层中，然后经一定时间分别测定黑白瓶两瓶中的溶解氧量，如测定光照强度与生产力的关系，可每 2～4h 测定一次，如测定全天初级生产力，则可在挂瓶后 24h 测一次。本实验挂瓶时间为 6h（一般 10:00 挂瓶，16:00 取瓶）。

(2)在野外测定时，要选择晴天。在室内进行时，水族箱应放在靠窗户位置，或加人工光源。不论室内或室外，均可用照度计定时测定光强度。还要测定水温、pH、透明度（或浊度）、电导率等水质状态参数。野外工作还要详细记录当天的天气情况，如晴、阴、雨、风向、风力等，以备实验分析时参考。

(3)6h 后取瓶，用溶氧仪分别测定黑瓶、白瓶的溶解氧（先测黑瓶，再测白瓶）。在取瓶的同时还要将步骤 2 再测定一遍。

(4)数据计算

①溶氧量单位均为 mg/L·h 表示。

呼吸量(R)＝IB－DB

总生产量(PG)＝LB－DB

净生产量(PN)＝LB－IB

IB 为原初溶氧量，LB 为白瓶溶氧量，DB 为黑瓶溶氧量。

②计算日总产量和日净产量。（单位 mg/L·日）

③将 O_2 量转换成 C 量。

【作业】

1. 分析用黑白瓶法测定水生生态系统初级生产力的优缺点。
2. 初级生产力的测定方法还有哪些？
3. 水生生态系统初级生产力的限制因素有哪些？

【实验记录】

表 26-1 采样原始记录表

采样深度(m)	各编号采样瓶挂瓶与取瓶时间及溶解氧量测定值(mg/L)					
	1.(IB)		2.(LB)		3.(DB)	
	挂瓶	取瓶	挂瓶	取瓶	挂瓶	取瓶

（张 杰）

实验27 景观结构的调查与分析

【实验目的】

(1)通过实验,熟悉并掌握景观结构的组成以及不同景观要素的区别,学习景观生态学的实地调查方法和景观类型图的编制过程及其基本原则;

(2)掌握原始信息(卫星影像、航片、地形图或专业图件等)到景观图编制的方法和技术要点,培养同学们景观生态学的研究能力;

(3)应用景观生态学原理对学校周围景观结构及绿地景观的空间布局进行调查分析。

【实验原理】

景观是一个由不同土地类型单元镶嵌组成,具有明显视觉特征的地理实体,在生态学体系框架中它处于生态系统之上(即景观包括了多个生态系统),地理区域之下的尺度范围之内。景观生态学主要研究景观的结构(空间格局)、功能(生态过程)和变化(空间动态),以及在景观尺度上的资源、环境经营和管理问题。其中景观结构是景观生态学研究的核心问题,所有的景观生态学研究是建立在景观结构研究的基础上。

景观结构是景观区域内若干生物过程和非生物过程长期作用的产物,同时又对各种生物及非生物过程产生直接或间接的影响,是区域景观生态规划的重要依据。受着强烈人工干扰的城市自然景观退化,土地开发强度大,环境条件恶化,生态系统极为脆弱,且生态环境系统的调控主要依赖于绿地景观的服务功能。因此,了解和掌握学校周围的景观结构和绿地景观的空间布局,可为学校周围的土地利用管理和绿地系统规划与环境建设提供理论依据。

对同一研究区域,观测者所在位置的不同所感觉的景观结构是不相同的,就好像一个人乘飞机去旅行,在飞机起飞后从机舱向外观看,随飞机的升高所看到的景观是不同的一样。这个不同主要表现在两个方面:其一是所看到的范围发生了变化;其二就是所看到的景观组成要素发生了变化(即景观结构发生了变化)。这就是所谓的景观的尺度依赖问题。本实验的主要目的不在于分析景观的尺度依赖特征,而是要在理解尺度效应的基础上就某一固定尺度所反映的景观结构特征进行分析。

众所周知,任何一定比例尺的信息源(卫星影像、航片、地形图或专业图件等)，都包含着数量众多的信息。对于卫星影像和航片来说，这些信息是通过不同的光学原理而形成的灰度不同的斑块来体现的，我们就是通过实地调查来甄别不同斑块所反映的地表特征是什么，如农田、林地、水体、城镇等。对于地形图或专业图件等，我们所要做的事情就简单的多了，仅仅是根据不同的目的，重新在图上勾绘边界。本实验通过对某一区域的卫星影像(或航片、地形图或专业图件等)的地面识别，勾绘不同景观组成要素的边界，最后统计不同景观要素的组成特征，旨在加强对所学景观生态学内容的进一步理解和掌握。

【实验材料】

(1)卫星影像图(或航片、地形图或专业图件)等。

(2)平面求积仪。

(3)计算器、铅笔、记录纸等。

【实验步骤】

1. 研究地点概况调查

2. 研究方法

(1)资料的获取:在收集学校周围背景资料和平面图的基础上，对各道路等进行实地调查，获得斑块类型、位置、面积、形状及绿地植物组成与结构信息，标绘于1:6000的周边地区平面图上制成景观布局图。

(2)斑块类型划分及参数确定:针对工业区景观特点，将学校周围斑块(包括廊道)类型划分为:①建筑铺装用地，即工业建筑与水泥铺装地段;②工业预留地，指规划用于厂房扩建或工业原材料贮备的地段;③荒草地，即尚未利用的荒坡、砂岗裸地;④石质裸地，指城区内部铁路间的砾石荒地;⑤公路用地，城区主干道及环厂公路所占土地，包括路肩行道树带用地;⑥铁路用地，即各条内部铁路路基占用的土地;⑦专用绿地;包括除行道树带以外的道旁绿带及其他各类绿地。在景观图上量测每个斑块(廊道)的面积，统计各类斑块的数目、面积、形状等景观结构基本参数。

廊道识别。主要针对铁路、公路、水系、输油(气)管道等，在图上为线状。

基底识别。把在卫星影像(或航片、地形图或专业图件等)上占最大比例的景观要素(在农区是农田、在城市是居民地、在林区是林地、在牧区是草地)勾绘出来。

斑块识别。根据居民点、水体(湖泊、水库等)等顺序依次勾绘。主要包括建筑铺装斑块、工业预留地斑块、居民区、水体、公路和铁路廊道组成的人工景观要素和绿地斑块。

统计计算各景观要素的数量和面积，并计算所调查区域的景观多样性指数。计算公式为:

$$H=-\sum_{i=1}^{m}(P_i 1nP_i)$$

式中：P_i 表示斑块 i 在景观中所占的面积比例，m 为斑块种类数。

【注意事项】

(1)如果研究区域较小，则划分要细。如假设调查范围都为农田，则应根据不同作物来划分斑块。

(2)若用卫星影像或航片做实验，则对具有相近似的斑块如：农田、林地、草地等要仔细甄别。

(3)如线状要素面积太小或不能计算（如：高压线等），则只统计类型，不计算面积。

【作业】

1. 什么是斑块、廊道、基底？如何区分这三类景观结构单元？

2. 同一区域使用不同的比例尺的原始图，在分类体系完全一致的情况下，其景观结构会发生变化吗？可能怎样变化？说出你的理解。

（项贤领）

实验 28　生态系统能量流动的初步估测

【实验目的】

1. 进一步了解生态系统能量流动的基本原理；

2. 学习能流测定的基本方法并掌握其技术要点，培养学生对知识灵活运用的能力。

【实验原理】

能量流动是生态系统的一个重要特征，生态系统中的能量流动是严格遵循热力学定律的，即生态系统中输入的能量总是和生物有机体贮存的、转换的、释放的能量相等，可以用公式表示为：$I=P+F+R$（其中 I 是输入总能量，P 为生产量，R 为消耗的能量，F 为未被利用的能量），这也是能量流动的基本模式。

图 28-1 表示生态系统最一般的能流模式图。图中的方框表示各个营养级，其面积大小表示生物量的大小，而管子的粗细表示能流的大小。各营养级的输入和输出必须相等。到达地面的太阳总辐射中，大约有不到 1/2 的辐射量被生态系统中的基础营养级——绿色植物所吸收。其中绝大部分变成了热而消散（对陆地植物来说，大部分用于蒸腾作用）。只有很少一部分才为光合作用所固定，形成有机物质，这就是总初级生产量。在光合作用所制造的有机物质中，有一部分直接为植物本身的呼吸作用所消耗，这部分消耗可通过群落中绿色植物的呼吸强度来测定。因此，总初级生产量中有一部分能量是被植物本身呼吸所消耗的，只有剩下来使植物生物量增加（包括生长和生殖后代）的那部分能量，称为净初级生产量。

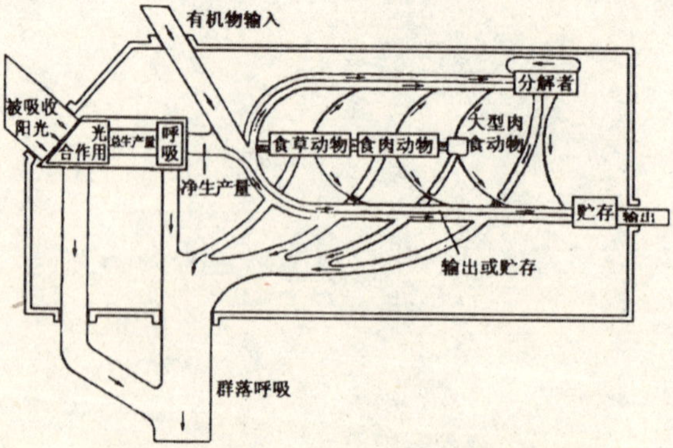

图 28-1　生态系统能量流动模式图（仿 Kormondy，1976）

生产者以后的各营养级，其能流过程具有共同的特点。以食草动物为例，当它们吃掉一部分植物时，这些被吃掉的部分称为消耗量或摄食量。被摄食的食物，大部分被动物同化，其中未同化的被排出体外。被同化的一部分被用于维持消耗（呼吸量），另一部分相当于次级生产量，可供食肉动物的消费。食物链中生产者以后各营养级，其能量情况大致如此。

能量以光的形式进入生态系统后，就不再以光的形式存在，而是以化学能的形式单向流经生态系统，且不同的生态系统中其能量流动的速率也是不同的。对于能量流动的分析可以在个体、种群、群落和生态系统等层次上进行，本试验就是以植物种群为研究对象在种群水平上对能量流动进行总体上的估测。

在自然条件下，任何一个地段上的植物都不是以单一种群的形式存在，即使在人工栽培条件下，作物种群中也要有大量的异种植物侵入。因此，在测定植物种群的能流时，需将该种群与其混生的其他植物种类进行分离。事实上，地上部分的分离工作较易进行，但完全将地下部分分离，目前在取样技术上尚存在许多问题。

自养植物种群的能量流动有别于一般的动物种群，作为生态系统中的生产者，植物种群内的能量流动有其特殊性，主要表现在其能量流动可分为两个阶段：①能量在种群本身所处的能量环境中流动，主要有 4 个分量，即 GSR（太阳总辐射）、PR（反射辐射）、TR（透射辐射）和 GAR（吸收总辐射），以植物种群与能量环境进行能量交换为主；②能量在种群代谢中的流动，也有 4 个分量，即 Tr（蒸腾作用）、Pg（总光合作用）、Pn（净光合作用）、Rd（暗呼吸）及 Rp（光呼吸），这些分量都指明了能量可能的流向。另外种群的能量流动是受各种生态条件如温度、湿度、光照强度等影响的。

如图 28-2 测定羊草种群能量流动的模式图。

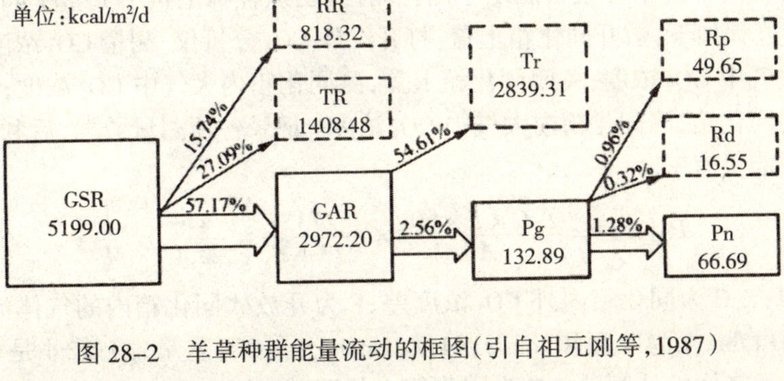

图 28-2 羊草种群能量流动的框图（引自祖元刚等，1987）

【实验材料】

红外 CO_2 分析仪、光合同化箱、照度计、叶面积仪、温度计、湿度计、橡胶管、记录本、记录笔等。

【实验步骤】

1. 样地与样株选择

根据试验需要选择林相整齐、各年龄级个体均有分布的木本植物群落(各地可根据各自试验状况自行选择不同的群落类型)为研究对象。在选好的植物种群中,选择不同层次的个体(各层次选 3 ~ 5 株)为测试对象。较高乔木测试株需提前搭建临时性观测塔,亚乔木层和下木层测试株可直接测试。

2. 光照强度测定

对各层次的测试对象,分别测其太阳辐射光强度、透射光强度和反射光强度。太阳辐射光强度可直接在测试株的树冠顶端测量,反射光强度可在测试株所在层以上约 2m 处反向测定(此分量仅为估计测量),乔木层的透射光强度可取亚乔木层的光照强度,依次类推。各测试项取 3 ~ 5 处样点测量,所得数据取平均值作为该项的光照强度的数据。根据各项光强数据计算太阳辐射能(GSR)、反射辐射能(RR)和透射辐射能(TR),种群总的吸收辐射能(GAR)可用太阳辐射能减去反射辐射能和透射辐射能得到。

$$E=Lhv=Lhc/\lambda$$

式中:E 为每 mol 光子的能量,L 为阿佛加德罗常数 ($6.02\times10^{23}\ mol^{-1}$),h 为普朗克常量($6.626\times10^{-34}J\cdot s$),c 为光速($2.997\,9\times10^{8}\ m/s$),λ 为波长(nm),v 为辐射频率($s^{-1}$)。

3. 光合速率和呼吸速率的测定

对种群光合速率的测定采用开放式气体交换法,整个测试系统包括红外 CO_2 分析仪、同化箱及连接分析仪与同化箱的橡胶管。把同化箱固定在待测样株上,再把待测样株的部分带叶枝条固定于同化箱内(勿从样株上折下),整个同化箱需密封。测定过程如下:敞开同化箱上盖,打开红外 CO_2 分析仪,测量 CO_2 浓度,此浓度相当于大气中 CO_2 浓度;关闭同化箱上盖,测同化箱内大气中 CO_2 浓度;用黑红布严密包裹同化箱,测同化箱内大气中 CO_2 浓度。记录各项测量数据,后利用公式计算其各项能量速率。

$$Pn(Rd)=\frac{\triangle C\times F\times 60}{A}\times\frac{273}{273+T}\times\frac{44}{22.4}\times\frac{cl}{M}$$

式中:△C 为同化箱内外 CO_2 浓度差;F 为开放式同化箱内的气体流量,F=1 L/min=60 L/hr;A 为叶面积(cm^2);44 为 1mol 分子 CO_2 重量(g);22.4 是标准状态下1mol分子气体的体积(L);T 为同化箱内的温度(℃);cl 为 CO_2 分子的键能(114 Kcal);ω 为换算成 J 的系数(1 cal=4.18 J);M 为 CO_2 分子量(44);Pn 是净光合作用中的能量积累速率($kJ/m^2\cdot h$);Rd 为呼吸能量耗损速率($kJ/m^2\cdot h$)。

叶面积的测定在所有测量完成以后,将同化箱内的测试枝叶取下带回实验室,用光电式叶面仪进行叶面积的测定,同时计算叶面积指数。

$$各层次样株叶面积指数=\frac{各层次样叶生物量}{各层次样叶单位重量}$$

4. 蒸腾速率的测定

对蒸腾速率的测定也是在各层次样株上进行的,其测定用以计算蒸腾能量损耗。测定方法为:在带有盖子的离心管中注水,从测试样株上取下一带叶枝条,迅速插入离心管中,并记录水面的起始刻度,隔一段时间后再记录水面刻度和当时环境的温度和湿度。水面刻度的下降值即为因蒸腾作用损失的水量。根据公式计算能耗速率。

$$Tr=\lambda\times\omega\times W$$

式中:Tr 为蒸腾速率($kJ/m^2\cdot h$);W 为叶片蒸腾速率($yH2O/m^2\cdot h$);λ 为测定时相应温度条件下的汽化热($cal/g\cdot H_2O$);ω 为换算成 J 的系数(1 cal=4.18J)。

5. 种群单位时间单位面积内的能流分析

根据以上测量数据对该种群作能流分析:

太阳辐射能量为:GSR=太阳辐射光强度×光照时间×叶面积指数×样地面积

反射辐射能量为:RR=反射光强度×光照时间×叶面积指数×样地面积

透射辐射能量为:TR=投射光强度×光照时间×叶面积指数×样地面积,各层次之和。

吸收辐射能量为:GAR=GSR—RR—TR

蒸腾耗能为:T=Tr×光照时间×叶面积指数×样地面积,各层次之和。

光合固定能量为:GP=GAR—T

净光合固定能量为:NP=Pn×光照时间×叶面积指数×样地面积,各层次之和。

暗呼吸耗能为:RD=Rd×光照时间×叶面积指数×样地面积,各层次之和。

光呼吸耗能为:RP:GP—NP—RD

6. 绘能量流动框图模型

将以上各类能流算出百分率,并把各能量值填于各能流方向上即可。

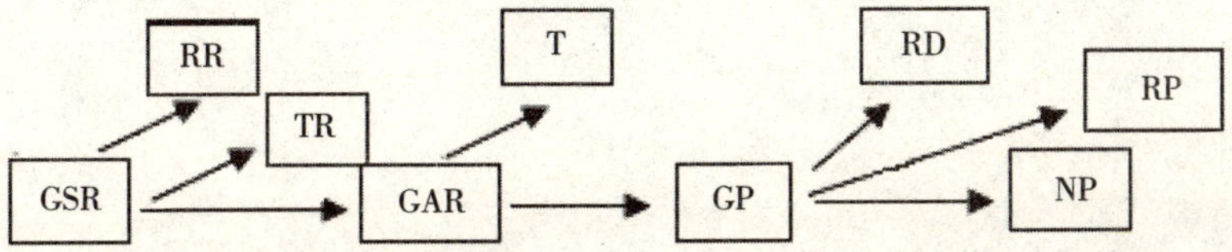

【作业】

影响能流的生态因子有哪些,是如何影响的?

【注意事项】

(1)本实验旨在测定能流,光照相对来说非常重要,应尽量选择晴朗无云、天气较好的时间进行。

(2)本次实验 CO_2 的测量很关键,试验过程中,有关操作要避免人为造成的误差。

(3)本实验仅是对种群能流的大概估测,旨在阐明能量流动的原理。

(项贤领)

实验 29 生态金字塔的调查

【实验目的】

(1)了解身边的食物链与食物网;

(2)加深对生态金字塔理论的理解,培养学生的观察能力和独立完成试验的能力。

【实验原理】

在我们生活的周围有不少含有有关食物链与生态金字塔的实例,如平常常说的"大鱼吃小鱼,小鱼吃虾,虾吃泥巴","一山不容二虎","螳螂捕蝉,黄雀在后"等。这些现象在我们周围,但有可能被我们所忽略,因此通过本试验培养学生仔细观察周围现象、运用所学知识解释这些现象的能力。

食物链是生态系统中,由于食性原因所建立的不同生物之间在营养关系上一环扣一环的链条式关系。自然界中各个不同的生物功能类群都分属于某个营养级位,一般说绿色植物占据第一营养级(生产者级位),食植者生物占据第二个营养级(第一消费者级位),吃植食者生物占据第三个营养级(第二消费者级位)。这就形成了绿色植物—植食者—吃植食者的肉食者的食物链。同时在我们周围的环境中一般也可以观察到同一样地中绿色植物数量最多,食植物的生物次之,以食植物的动物为食的肉食动物最少, 也即生物体的数量随营养级的提高会逐渐减少,构成了数量金字塔;同时能量也会随营养级的增加逐渐减少,构成了能量金字塔;若以各营养级生物干重或湿重表示每一营养级中的生物量, 此构成生物量金字塔。以上 3 种金字塔均为生态金字塔,又称生态锥体。3 种金字塔中以能量金字塔最为客观和全面。

【实验材料】

从周围环境中选择的样地、捕虫网、记录本、记录笔、电子天平、粉碎机、热量计等。

【实验步骤】

1. 样地选择与样方设置

根据实验需要, 在人为干扰较小或未经人为干扰的自然群落中设置样方,样方面积可根据需要设置如 5m×5m、10m×10m、20m×20m 等。

2. 样方内各营养级调查

对样方内的消费者各营养级进行调查，调查前喷洒杀虫剂或麻醉剂，对于个别活动能力较强的消费者，可采用单独捕获法。杀虫剂或麻醉剂起作用后，收集样方内所有食草昆虫个体，计数 N_2；收集食肉昆虫个体，计数 N_3（对个别个体极小如蚜虫、螨类根据个人需要是否计数）。对于绿色植物也予以清查计数 N_1。

3. 生物量测量

绿色植物生物量测量采用收获法，收获植物体地上部分（若样方设置较大时，可在样方中再分为若干个面积相等的小样方，仅收获小样方中的植物体的现存量，估算出整个样方的现存量即可）。把收获的植物体地上部分，带回在 105℃杀青后，置于 80℃箱中烘干到恒重。把食草生物和食肉生物分别于恒温箱中烘干到恒重。分别用电子天平或扭力天平称量记为 W_1、W_2、W_3，也可直接称湿重，无须烘干。

4. 热值测定

各营养级生物分别粉碎后取单位重量于氧弹式热量计中进行热值的测定（仪器使用按说明书进行），每样品重复 3 次，取平均值作为最后结果。各营养级干物质生物量与相应的热值相乘（对于生产者的植物体如在收获时采用估算法，此时还应乘以估算系数），便得该样方内各营养级的现存能量，记为 E_1、E_2、E_3。

【作业】

1. 记录食物链、生态锥体调查结果，根据各营养级计数 N_1、N_2、N_3；各营养级生物量 W_1、W_2、W_3；各营养级能量 E_1、E_2、E_3 绘制相应的生态金字塔。

2. 3 种生态锥体中哪一种更为客观，为什么？

（李全发）

第二部分　综合性实验

实验 30 生态环境影响评价

【实验目的】

(1)通过实验加深理解生态环境影响评价的意义;

(2)学习和掌握生态环境影响评价程序和方法,并在实践中运用;

(3)加深学生对“保护生态环境和自然资源,合理解决建设性与优美性和持续性相结合”的认识。

【实验原理】

生态环境影响评价是指通过定量揭示和预测人类活动对生态影响及其对人类健康和经济发展的作用,分析确定一个地区的生态负荷或环境容量。一类是对开发行动或建设项目排放污染物造成的生态影响评价,各种工业建设项目属于这一类开发行动:另一类是对水利、水电、矿业、农业、林业、牧业、交通运输、海洋和海岸带工程,以及旅游设施等开发利用自然资源行动造成的非污染生态影响作评价,本实验介绍的是非污染生态环境影响评价。

【实验设计过程】

1. 工程调查与分析

(1)工程资料收集

①工程设计资料,包括主、辅工程区位、规模、工程的类型、工艺、设计文件和内容等。

②工程的平面图,在该图上应标明地表状况(主要包括地形地貌、主要水体、植被类型及分布、主要动物群落)以及周边村镇、厂矿及大型建构筑物分布,交通规划,并标明评价区及界外区范围。

③区域规划资料和图件。

(2)工程分析

①拟建主、辅工程简要描述及分析(主要工程措施、工艺、施工方法和运行特点)。

②同类工程的调查分析,收集国内外类似工程资料,1 级项目要对类似项目调查,进行类比分析。

③施工期的工程措施对生态影响途径分析, 主要包括施工人员施工活动、机

械设备使用等使植被、地形地貌改变,使土地和水体生产能力及利用方向发生改变,以及由于生态因子的变化使自然资源受到影响。

④运行期工程对生态影响的途径分析,主要包括工程运行改变了区域空间格局、土地和水体的利用状况,以及由此而影响了自然资源状况。

(3)关键问题识别和评价因子的筛选

根据对拟建项目潜在的环境问题分析,以及对项目性质和区域生态环境基本特征的分析,识别关键问题并用列表法对主要评价因子进行筛选,在完成现状评价后,进一步确认主要的评价因子。在这个识别和筛选过程中,要初步判定评价因子的性质、变化过程,并预测变化结果。

2. 生态环境状况调查

(1)自然环境状况

①自然环境基本特征调查,包括评价区内气象气候因素,水资源,土壤资源,动、植物资源,珍稀濒危动、植物的分布和生理生态习性,历史演化情况及发展趋势,评价区人类活动历史对生态环境的干扰方式和强度,自然灾害及其对生境的干扰破坏情况,生态环境演变的基本特征等。

②评价区内敏感区和人文景点的历史和现状情况调查。

③图件收集和编制,调查中要注意已有图件的收集,根据工作级别不同,对图件的要求也不同,但主要收集下述图件和编制图件的资料图片:

地形图:评价区及其界外区的地形图一般为1/10 000~1/500 000。在该地形图上应标有地表状况,尤其是绿地(含水体)的分布状况,拟建工程厂区、城镇分布,主要厂矿及大型建构筑物分布等,并划明评价区及界外区范围。

基础图件:包括土地利用现状图、植被图、土壤侵蚀图等。

卫片:当已有图件不能满足评价要求时,1级项目的评价可应用卫片解译编图以及地面勘察、勘测、采样分析等予以补充。卫片要放印到与地形图匹配的比例,并进行图形图像处理,突出评价内容,如植被、水文、动物种群等等。

④根据评价因子的需要编制正规生态基础图件,包括动植物资源分布图、自然灾害程度和分布图、生境质量现状图等。

(2)社会经济状况

①社会结构情况调查,主要包括人口密度、人均资源量、人口年龄构成、人口发展状况,以及生活水平的历史和现状,科技和文化水平的历史和现状,评价区域生产的主要方式等等。

②经济结构与经济增长方式,主要包括产业构成的历史、现状及发展,自然资源的利用方式和强度。

③移民问题的调查,主要包括迁移规模、迁移方式、预计的产业情况,住区情况调查以及潜在的生态问题和敏感因素的分析。

④自然资源量的调查,包括农业资源、气候资源、海洋资源、植被资源、矿产资源、土地资源等的储藏情况和开发利用情况。

3. 生态现状评价

(1)评价内容

生态现状评价,要回答主要的环境问题,其中包括:

①从生态完整性的角度评价现状环境质量,即注意区域环境的功能与稳定状况。

②用可持续发展观点评价自然资源现状、发展趋势和承受干扰的能力。

③植被破坏、荒漠化、珍稀濒危动、植物物种消失、自然灾害、土地生产能力下降等类重大资源环境问题及其产生的历史,现状和发展趋势。

(2)评价方法

生态现状评价要有大量数据支持评价结果,也可以应用定性与定量相结合的方法进行。常用方法有图形叠置法、系统分析法、生态机理分析法、质量指标法、景观生态学法、数学评价方法等。

(3)评价结论

现状评价结论要明确回答区域环境的生态完整性,人与自然的共生性,土地和植被的生产能力受到破坏等重大环境问题,要回答自然资源的特征及其对干扰的承受能力,并用可持续发展的观点对生态环境质量进行判定。

(4)重要评价因子再确定

重要评价因子再确定通常可以采用生态机理法或类比法在现状评价基础上得到再确认,也可以借助数学方法进行要素的重要性分析,得到再确认的评价因子参与预测过程。

4. 生态影响预测

(1)预测内容

①自然资源开发项目对区域生态环境(主要包括对土地、植被、水文和珍稀濒危动、植物物种等生态因子)影响的预测内容包括:是否带来某些新的生态变化;是否使某些生态影响严重化;是否使生态问题发生时间与空间上的变更;是否使某些原来存在的生态问题向有利的方向发展。

②3 级项目要对关键评价因子(如对绿地、珍稀濒危物种、荒漠等)进行预测;2级项目要对所有重要评价因子均进行单项预测;1 级项目除进行单项预测外,还要对区域性全方位的影响进行预测。

③为便于分析和采取对策,要将生态影响划分为:有利影响和不利影响,可逆影响与不可逆影响,近期影响与长期影响,一次影响与累积影响,明显影响与潜在影响,局部影响与区域影响。

④要根据不同因子受开发建设影响在时间和空间上的表现和累积情况进行

预测评估。从时间分布上可以表现为年内(月份)和年际(准备期、施工期、运转期)变化两个方面。从空间分布上可以划分为宏观(开发区域及其周边地区)、和微观(影响因子分布)两个部分。

⑤自然资源开发建设项目的生态影响预测要进行经济损益分析。

(2)生态影响预测的方法

生态影响预测一般采取类比分析、生态机理分析、景观生态学的方法进行文字分析与定性描述,也可以辅之以数学模拟进行预测。

(3)生态影响的经济损益分析

①损益分析的原则

a. 把生态质量作为生产力要素的原则,后者是可以观察和测定的。

b. 突出重点、兼顾一般的原则,要抓住重大影响因素进行分析,对相关密切的一般影响因素可适当加以综合。

c. 终极影响原则,只考虑那些与人类经济活动或生态环境直接相关的最终影响后果。

d. 一次性估价原则,要按有关规定依经济寿命年限折现,使估价具有可比性。

②损益分析的方法

经济损益分析常用的方法有恢复和防护费用法、影子工程法、市场价值法、机会成本法、调查评价法等等,可以根据影响因子的不同特点,采用不同方法估算。要以投资所得到利益的固有比率形式比较所有效益和成本的当前价值和纯当前价值。环境保护投资的有效性分析要单独进行,列出环境保护投资及所占总投资比例。无法恢复的生境破坏和物种灭绝不做经济损益分析。

5. 生态影响的防护、恢复及替代方案

自然资源开发项目中的生态影响评价应根据区域的资源特征和生态特征,按照资源的可承载能力,论证开发项目的合理性,对开发方案提出必要的修正,使生态环境得到可持续发展。评价项目对环境的不利影响,即对生态环境的长期不利影响,潜在不利影响和复合影响,要制定具体的生态监测措施、规划与防护和恢复措施、规划。

(1)生态影响的防护与恢复应遵守的原则

①凡涉及珍稀濒危物种和敏感地区等类生态因子发生不可逆影响时必须提出可靠的保护措施和方案;

②凡涉及尽可能需要保护的生物物种和敏感地区,必须制定补偿措施加以保护;

③对于再生周期较长,恢复速度较慢的自然资源损失要制定恢复和补偿措施;

④对于普遍存在的再生周期短的资源损失,当其恢复的基本条件没有发生逆转时,不必制定补偿措施;

⑤需制定区域的绿化规划。

(2)生态影响的管理措施

①在强调执行国家和地方有关自然资源保护法规和条例的前提下，制定并落实生态影响防护与恢复的监督管理措施。

②生态影响管理人员编制，建议纳入项目的环境管理机构，并落实生态管理人员的职能。

③要制定并实施对项目进行的生态监测（监视）计划，发现问题，特别是重大问题时要呈报上级主管部门和环境保护部门及时处理。

④对自然资源产生破坏作用的项目，要依据破坏的范围和程度，制定生态补偿措施，补偿措施的效应要进行评估论证，择优确定，落实经费和时限。

(3)替代方案

替代方案主要指开发项目的规模、选址（线）的可替代方案，也包括项目环境保护措施的多方案比较，这种替代方案原则上应达到与原拟建项目或方案同样的目的和效益，并在评价工作中应描述替代项目或方案的优点和缺点。

6. 结　论

(1)编写结论的原则、要求，参见行业标准 HJ/T2.1—93（环境影响评价技术导则总纲）。评价项目应编写生态影响评价结论，若生态影响评价不单独成册则应编写篇章结论，编写篇章结论的有关事项与结论基本相同。

(2)结论的内容包括生态环境现状概要，建设项目工程分析概要，开发建设项目对生态影响预测和评价的结果，环保措施的评述和建议等。

(3)生态影响报告篇章中没有专门的章节评述环保措施，结论中的这一部分应给予充分的注意和足够的篇幅。

(4)生态影响评价最终结果，应得出建设项目的规模和选址是否合理及在各个阶段能否满足预定的生态环境质量要求的结论。

(5) 需要在评价过程中确定建设项目与生态环境有关部分的方案比较时，应在结论中确定推荐方案，并说明理由。

(6)在结论中要就生态影响监测制度、生态环境管理和生态规划提出有针对性的建议。

（张　杰）

实验31 自然保护区设计

【实验目的】

（1）掌握自然保护区设计的一般理论、方法和步骤；

（2）加深理解岛屿生态理论。

【实验原理】

自然保护区是具有明显边界，对某些物种进行有意识保护的相对封闭的区域，在某种意义上讲，是受其周围生境"海洋"所包围的岛屿。因此，岛屿生态理论对自然保护区的设计具有指导作用。岛屿生态理论认为自然保护区设计的原则为：①保护区面积越大越好；②一个大保护区比具有相同面积的几个小保护区好；③对某些特殊生境和生物类群，最好设计几个保护区，且相互间距离越近越好；④几个分隔的小保护区排列越紧凑越好，线性排列最差；⑤自然保护区之间最好用通道相连，以增加迁入率；⑥为了避免"半岛效应"，保护区以圆形为最佳。但在设计和建立保护区时，要更好地深入研究和掌握被保护物种的生物学及生态学特征。

【实验设计过程】

1. 选择自然保护区地点

在设计自然保护区前，首先必须对预选地点进行保护评估，确定各地点的保护值的大小。

（1）对拟设计自然保护区实地考察和调查

通过考察和调查，掌握自然保护区自然资源和社会经济状况，特别是对地质地貌、气候、土壤、植被、水文、野生动植物资源及分布、自然环境的保护与利用状况以及社会经济状况等的考察与调查。

（2）对拟设计自然保护区考察资料的分析

在考察的基础上，对历史资料和调查资料进行科学、客观的分析，为总体设计和合理规划提供科学依据。

（3）对拟设计自然保护区保护评估

保护评估包括对预选地点确定保护特征、标准和计算保护值。保护标准分政治的和科学的两类。政治标准包括人类活动威胁、可利用性、教育用途、舒适值等。科学标准最主要的是:多样性、稀有性、代表性、自然性、面积适宜性和生存威胁。

①多样性是反映自然保护区多度和种群丰度的一个指标。多样性可分为 3 个层次,即:物种多样性、群落多样性、生境多样性。在自然保护区设计时,要考虑生物多样性原则。在设计较小面积的自然保护区时,常用物种多样性指标;较大面积的生态系统自然保护区,常用群落多样性和生境多样性指标,即生态系统多样性。

②稀有性指标是用来度量物种或生境等在自然界现存数量的稀有程度,常包括稀有物种、稀有群落和稀有生境。根据分布范围大小,可分为地方稀有性、国家稀有性和全球稀有性。在自然保护区设计时,既要考虑稀有物种和稀有群落,又要重视生境的稀有性。

③代表性是衡量自然保护区的生物区系、群落结构和生态环境与所在生物地理省或某一生态地理区域内的整个生物区系、群落结构和生态系统的相似性程度的一个指标。设计地方级自然保护区时,要考虑它是否代表某一生态地理区域的生物或群落或生境特征;而设计国家级自然保护区时,则要考虑它在某一生物地理省中的代表性。代表性的内容范围可以很广,即可能侧重在某一方面有代表性,如生物物种代表性、生态系统代表性等。就生态系统类代表性而言,有的代表森林生态系统,还有的代表草原、草甸、荒漠、湿地、海洋等生态系统。

④自然性原则是度量自然保护区内保护对象遭受人为干扰程度的一项指标。自然性越高,表示所遭受的人为干扰程度越小,保护价值越高。反之亦然。根据人为影响的大小将自然性分为 4 个类型:完全自然型、受扰自然型、退化自然型、人工修复型。自然保护区内常设计有核心区和缓冲区。核心区是保护区最精华的部分,其自然性最好;缓冲区位于核心区周围,自然性次之。

⑤一个自然保护区的重要程度往往随面积的增加而提高。一般而言,自然保护区面积越大,则保护的生态系统越稳定,生物种群越安全。但自然保护区面积越大,可供生产和资源开发的区域则越小。自然保护区面积的适宜性,主要考虑其面积是否满足维持保护对象所需的最适面积或最小面积。对某一生物物种类自然保护区来说,即维持最小生存种群所需的面积;对生态系统类保护区来说,则是维持被保护自然生态系统稳定的最小面积。

⑥生存威胁是指拟设计的自然保护区所面临的人类侵扰压力。生存威胁涉及经济、社会、政治、文化、民族生活习俗、宗教等,还常常表现在生态系统和物种的脆弱性方面。脆弱的生态系统极易遭受破坏,且难以恢复,需要及时保护;脆弱的物种种群生活力弱,繁衍能力差,对环境变化的适应能力低,极易遭受濒危和灭绝威胁。因此,脆弱的生态系统和生物种群具有较高的保护价值。

2. 确定自然保护区的类别和级别

(1)自然保护区的分类

根据自然保护区的主要保护对象，我国将自然保护区分为自然生态系统类、野生生物类和自然遗迹类三类。本实验设计仅指前两类自然保护区。

(2)自然保护区的分级

我国的自然保护区分为国家级、省(自治区、直辖市)级、市(自治州)级和县(自治县、旗、县级市)级四级。自然保护区的分类和分级标准参阅《中华人民共和国国家标准——自然保护区类型与级别划分原则(GB/T14529-93)》。

3. 确定自然保护区的模式

依据设计原理的差异，自然保护区大致可分为3类主要模式：① 岛屿式自然保护区：该模式的自然保护区一般实行单纯保护和封闭式管理，主要目的是防止物种灭绝和生物多样性消失；② 自然保护区网络：该模式的自然保护区从整体上保护濒危物种和生物多样性，不仅需要设计功能合理的自然保护区，且从更大尺度上考虑不同栖息地之间物种的迁移和交换，建立若干具有相同功能的保护区形成保护区网络，设立适宜生境廊道等；③ 生物区域自然保护区网络：该模式的自然保护区是一个具有相当大范围连续成片的生物地理空间，包括若干保持比较完整的生态系统或其片段以及不同人工生态系统区域镶嵌所构成的景观多样性区域。

4. 确定拟设计自然保护区的面积

一般说来，保护区面积越大，越能支持或"供养"更多的物种；面积小，支持的种数也少。但对于某些种类而言，在小保护区比在大保护区里可能生活得更好。估计自然保护区最小面积可分3步：① 鉴别目标种或关键种，它们的消失或灭绝会明显地降低保护区价值或物种多样性；② 确定保证这些物种以较高概率存活的最小种群数量(最小可存活种群)；③ 用已知密度，估计维持最小种群数量所需的面积大小，该面积就是保护区的最小面积。

5. 设计保护区间的走廊和确定保护区边界

在各个小保护区之间建"通道"或"走廊"，能减少物种被灭亡的风险。保护区的边界有3种：① 管理边界，是指由有关当局法律规定的边界，把自然保护区周围环境分开管理，进入保护区，必须遵守保护法律；② 生成边界，是指人们对管理边界的反映引起的栖息地的生物、人为活动和物理的变化而产生的边界；③ 自然边界，由栖息地的自然变化而形成的边界，通常具有明显的地形地势特征。

6. 自然保护区功能分区

自然保护区一般分为核心区、缓冲区和实验区。核心区的功能是保护重点保护对象；缓冲区主要缓冲或抑制不良因素对核心区的影响；实验区作为核心区与缓冲区的大屏障，可以按照符合环保与生态要求的产业政策或社会经济发展规划安排生产。

7. 对设计自然保护区进行评价

主要对拟设计自然保护区的生物多样性、稀有性、代表性、自然性、面积适宜性、生存威胁以及自然保护区的保护价值进行评价。

【作业】

试设计一个野生生物类或自然生态系统类自然保护区。

（储 玲）

实验32 地理信息系统在区域环境污染质量评价中的应用

【实验目的】

(1)通过环境质量评价可以准确地反映出环境质量的水平(污染现状或指出其将来的发展趋势),为环境规划和管理、区域环境污染的综合防治和生态环境建设提供可靠的科学依据;

(2)研究资源破坏的发展情况和污染物的分布及运动规律,进一步探讨资源破坏和污染发生的社会深层原因,掌握环境质量的变化规律。

【实验原理】

所谓区域环境质量,就是指各种环境要素(水质、大气、土壤、生物等)受到污染或遭受破坏程度的综合水平。受到污染或遭受破坏的程度越严重,环境质量也就越差;反之,环境质量就越好。在评价区域环境遭受污染和被破坏的程度时,一般以国家规定的环境质量标准或污染物在环境中的本底值作为依据。环境质量评价,就是根据不同的目的要求,按一定的原则和方法,对区域环境某些要素质量或综合质量进行等级或类型划分,并在空间上按被破坏、被污染的性质和程度,划分出不同类型的污染区域。通过环境质量评价可以准确地反映出环境质量的水平(污染现状或指出其将来的发展趋势),为环境规划和管理、区域环境污染的综合防治和生态环境建设提供可靠的科学依据。环境质量评价工作的基本要求:首先是在对再生资源的破坏程度、污染状况和污染源进行全面调查基础上,确定出资源遭受破坏的程度和范围,主要污染源和主要污染物及其排放的特征;其次是通过环境现状监测,来了解再生资源的破坏和主要污染物对环境影响程度、范围的变化。在上述的基础上研究资源破坏的发展情况和污染物的分布及运动规律,进一步探讨资源破坏和污染发生的社会深层原因,掌握环境质量的变化规律。这是环境质量研究的核心。

地理信息系统(Geographic Information System,简称 GIS)主要应用领域有资源调查、区域规划、土地管理、环境保护等领域,特别是环境保护这是 GIS 的一个大用户。诸如工业污染防治、城市污水和垃圾处理、白色污染控制、噪声污染防治、汽车尾气防治、生态环境保护等领域,为 GIS 技术的应用提供了广阔的市场空间。由此可见,可以应用 GIS 技术将这些领域的空间、动态监测数据与地理背景存储在一起，建立环境资源数据库，编制一套图文并茂的环境质量评价与环境综合治理总体规划电子地图集，同时运用基于 GIS 的环境质量评价模型的地理分析功能对地图要素和数据不仅能进行空间查询、检索、计算，而且能进行高级的空间分析（缓冲区分析、叠置分析、网络分析等），从而为环境保护决策部门提供更科学的预测和更快捷的服务，不断改善和提高环境质量。

GIS 是整个地球或部分资源、环境在计算机中的缩影，是反映人们赖以生存的现实世界（资源或环境）的现势与变迁的各类空间数据及描述这些空间数据特征的属性，在计算机软件和硬件的支持下，采集、存贮、检索、分析、显示和综合分析应用的地理信息的技术系统。GIS 是计算机科学、地理学、测量学、地图学等多门学科综合的技术。GIS 的功能有：①具有数据采集、检验与编辑；②数据格式化、转换、概化，通常成为数据操作；③数据的存储与组织；④查询、检索、统计、计算功能；⑤空间分析是地理信息系统的核心功能；⑥显示，GIS 即可以是计算机屏幕的显示，也可以是诸如报告、表格、地图等硬拷贝图件，尤其要强调的是地理信息系统的地图输出功能。GIS 技术的应用将是环境质量评价和环境制图水平提高的重要途径。GIS 作为综合处理和分析空间数据的一种技术系统，在地球资源与环境系统中已获得广泛的应用，同时已涉及社会经济和规划管理等社会科学领域，并受到越来越明显的关注。

【实验器材】

地理信息系统软件、计算机等相关硬件设备

【实验步骤】

环境质量评价的程序，一般可以概括如下：①收集、整理、分析环境监测数据和调查资料；②根据评价目的确定环境质量评价的要素及评价参数的选择；③选择评价的方法或建立评价的数学模型，制定环境质量系数或指数；④利用选择或制定的评价方法或环境质量系数或指数，对环境质量进行等级划分或分类，绘制表示环境质量的空间分布图；⑤提出环境质量评价的结论。

环境质量评价的工作程序中，应该首先确定评价对象、划分评分区域的范围、确定评价目标，并根据评价目标确定评价的精度要求。评价的程序要根据上述情况和评价的类型确定。以环境污染为评价对象（包括环境质量现状评价和城市环境质量综合评价），其评价程序如图 32–1 所示，主要通过污染物调查环境监测（包括大气、水体、土壤、噪音、食品等）和污染造成的人体和生态影响，来确定主要污染物及其在有关环境中的运动规律，进而对人体和生态影响进行研究，做出各要素的污染现状评价、人和生态与污染相关评价，并在此基础上对自然环境、生态、人体健康三个方面进行区域环境质量综合评价。同时，开展重点污染源的典型调查与解剖,并结合污染源普查对区域性资源、能源利用状况进行评价。最后根据上述所认识和掌握的环境质量问题与环境质量变化规律,提出污染防治对策。

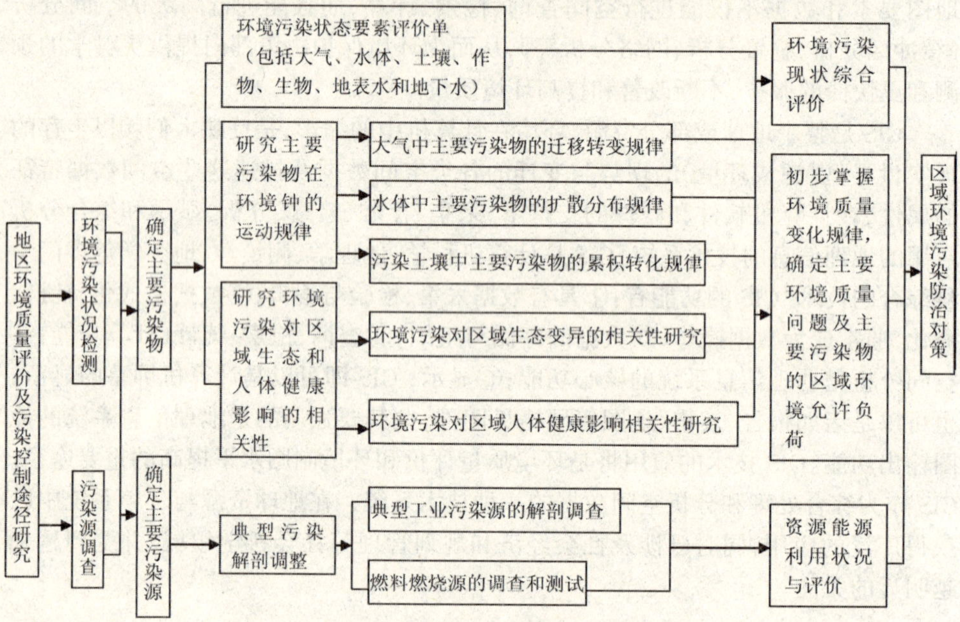

图 32-1 评价程序

选择美国 ESRI 公司 ARC/IN FO 和 Arc View 作为系统开发的主要软件工具,ARC/IN FO 和 Arc View 的主要特点是功能完备,界面友好。根据具体要求选择评价所采用的数据及软硬件配置,确定评价模型及标准。环境污染质量评价模型的建立的过程如图 32-2。

【注意事项】

模型连接是整个系统的一个重要的组成部分,地理信息系统技术的应用实质在于它强大的空间分析功能,然而在很多的实际应用中,用户的需求和系统的最终目标决定了 GIS 系统不但要具有如叠加、网络关系、拓扑关系检索等一般的空间数据分析功能,而且具备一定的模型分析的能力,要允许用户根据环境质量评价的需要来发展应用模型研究真实的地理过程,以提供新的信息。利用 GIS 的综合数据库,对其大量的具有地理特征的数据进行基于图形的规划或模型的分析,才能更好地发挥 GIS 的作用。GIS 软件系统所提供的宏语言,具有高级语言的特征,使用起来又很灵活。但是,它只能进行某些低层次的控制,由于主要面向地理信息的操作,而在实现一些复杂算法方面显得有些无能为力,所以不适用独立做模型实现的工具。所以在评价中结合 GIS 宏语言和高级程序设计语言的优点,利用二者之间的数据共享方式，进行环境污染质量评价。

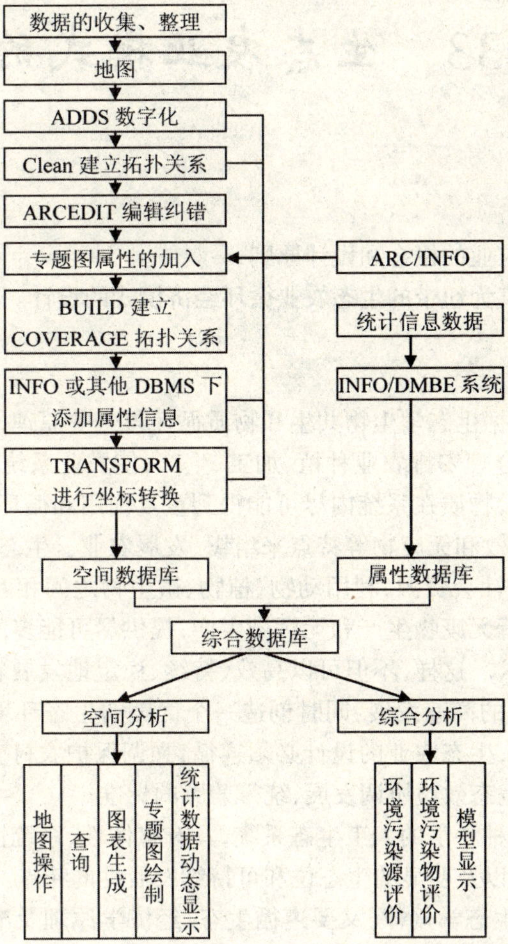

图 32–2　环境污染质量评价模型的建立过程

【作业】

对芜湖市及其周边地区的环境污染作质量评价，并分析资源破坏和污染发生的社会深层原因，掌握环境质量的变化规律。

（项贤领）

实验 33 生态农业模式的设计

【实验目的】

(1)理解生态农业的概念和设计原则;

(2)学习以沼气为纽带的生态农业循环经济模式的设计。

【实验原理】

生态农业是根据生态学生物共生和物质循环再生等原理,运用生态工程技术和现代科学技术,合理安排农业种植、加工、生产,使农业系统在生态上能达到自我维持的优化模式,物质在系统内尽可能得到重复利用和循环利用。生态农业设计的原则就是以高效和无废物等特点来组织、发展农业。生态农业通过充分合理地利用自然资源和社会资源,利用动物、植物、微生物之间相互依存的关系,利用现代科学技术,实行无废物生产和无污染生产,提供尽可能多的清洁产品,满足人们生活、生产的需求。这样,不但可以高效、持续、稳定地发展农业生产,推动当地的农村和农业经济的高速发展,同时创造一个优美的生态环境,逐步走向和实现农业现代化。因此,生态农业的设计必须遵循:强调保护农村生态环境,符合经济效益、社会效益和生态效益协调发展、统筹兼顾的标准。

生态农业是一种科学的人工生态系统,具有整体性、系统性、地域性、集约性、可操作性、调控性,以及明显的生态位和可持续发展性的特点。所以生态农业设计的原则,既要符合生态学规律,又要遵循生态、经济学原理及准则,力争实现绿色植被最大、生物产量最高、光合作用最合理、物质循环最彻底、经济效益最好、生态平衡最佳等目标。

以沼气为纽带的生态农业循环经济模式是模仿自然生态系统的食物链结构,依据系统结构与功能相适应,物质分解、转化、富集、循环再生生物共生竞争、协同进化的生态学原理,并结合系统工程理论,进行设计的一种资源多层次循环利用的工艺流程(如图 33–1),充分地体现了循环经济这一新的经济形态,变传统的“农业资源—农产品— 农业废弃物”这一单向线形经济为“农业资源—农业产品—农业再生资源”的循环经济形式,并充分体现了循环经济特有的运行规则,即减量化、再利用、再循环的“3R”原则。

沼气是有机废弃物(粪便、秸秆等)由种类繁多、数量巨大且功能不同的多种微生物在适宜的条件下(厌氧)分解代谢的最终产物。它可将大量的有机废弃物转化成人们生活所必需的能源以及农业生产所必需的原材料。在此模式中（见图33-1），种植业中的秸秆可过腹转化为牲畜粪便或直接入池发酵，产生的沼气可用于农户炊事或照明，也可发电用于农产品加工业，从而减少了外界能源的输入。沼渣可作为农业生产的底肥，也可以与 N、P、K 一起加工成颗粒肥，还能作为培养基用来生产食用菌和养殖蛆；沼液和沼渣中含有多种氨基酸、生长素、抗生素和多种微量元素。沼液直接用于叶面施肥，既能增加作物产量又可以提高品质，增强植物的抗逆性；用做饲料添加剂，可以使猪提前出栏、肉质提高，也可以提高鸡的产蛋率；沼液进入鱼塘可促进浮游生物的生长，是鱼的良好饵料，可使鱼的产量提高，抗病性增强。沼肥具有缓速兼备的作用，能改良土壤，增加土壤的团粒结构，增强土壤的保水、保肥、保温和通透性，同时改善土壤的微生态环境，对提高土地的持续生产力具有重要的作用。同时减少化肥和农药的施用量，使农产品成为无公害的绿色食品和有机食品，增强了食品的安全性和在国际市场上的竞争力。以沼气为纽带的农业生态模式，将原来松散的农业生产结构变成了完整相连的一体，实现了资源的合理循环利用，为农业资源增效和农民增收，为农业的可持续发展奠定了坚实的基础。

【实验设计过程】

1. 模式类型

不同地域、不同环境、不同的结构成分，生态农业的类型也不同。本实验设计为：以沼气为纽带的生态农业循环经济模式的设计。

此生态模式小可以到农户庭院、一个村、一个农场，大可以到一个镇，甚至一个县、省等。

2. 确定设计类型、内容和目标

（1）全面调查所设计生态农业的环境资源（包括地理位置、土地资源、人口资源、水资源、气候资源、生物资源、社会经济资源）情况。

（2）分析调查所得到的资料，诊断目前系统的基础情况，做出定性和定量的评价，明确环境中制约经济发展和生态平衡的限制、约束因素及其影响程度，提出要解决的关键问题和问题的范围，以确定模式类型及模式的发展方向和要达到的目标（综合效益）。

（3）确定模式系统中的主要成分及各成分之间的相互关系。

（4）绘出模式的系统结构示意图（图 33-1）。

3. 综合效益分析

从经济效益、生态效益、社会效益三方面考虑：

（1）经济效益。人均总产值（元），价值产投比，人均纯收入（元），种植业收入（元 / hm^2），养殖业收入（元），种植业价值产投比，养殖业产投比；加工业收入

(元),加工业价值产投比。

(2)生态效益。林木覆盖率(%),绿化程度(%),水土流失防止率(%),作物肥料利用率(%),作物光能利用率(%),作物水资源利用率(%),人均畜禽产出能(J),畜禽能量产投比(%),生物防治率(%),有机肥使用率(%),土地利用率(%),沼气池使用普及率(%)。

(3)社会效益。农副产品商品率(%),开发规模(人均土地面积、固定资产总量、劳动力总量等),农副产品加工企业个数,农村企业就业率(%),结构资源均衡度。

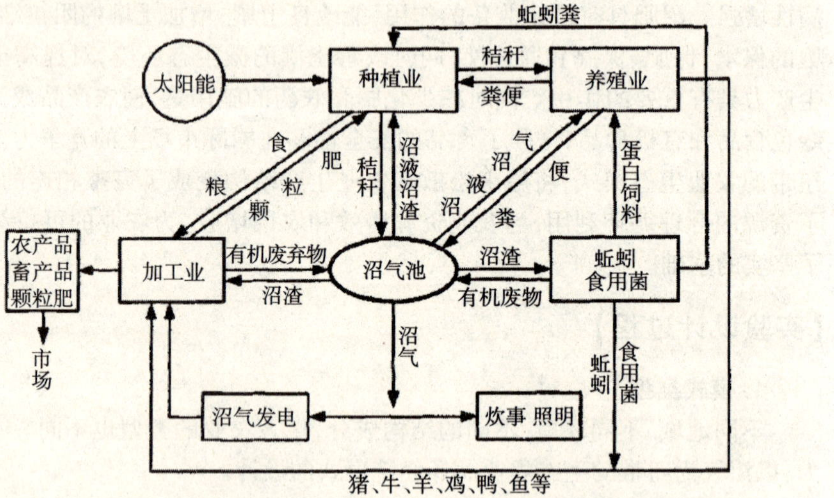

图 33-1 以沼气为纽带的生态农业循环经济模式图

【作业】

1. 发展生态农业对保护农村生态环境及农业可持续发展有何意义?

2. 设计生态农业系统工程时必须遵循什么原则?

(王友保)

实验 34 城市生态居住小区的调查和评价

【实验目的】

通过本实验的学习，让学生掌握生态小区的内涵，能对市场上存在的各种绿色家园、生态小区等做出专业分析，并作出评定。

【实验原理】

生态居住小区是若干生态住宅通过各类组合，与外部的绿地生态系统构成的高级人工生态系统。生态住宅作为人居的内环境，则绿地生态系统便是人居的外环境。两者有机结合构成生态居住小区，缺一不可。生态住宅与其外部的绿地生态系统通过能量与物质交换，相互作用，相互依存形成一个不可分割的人工生态系统，它是组成城市大系统的最基本的生态功能单位，暂称作城市的基本生态系统。它的基本特征是能量高效，物质良性循环。

城市小区就是城市的一个单元，从生态经济学角度看，这个单元采用有利保护自然价值，又利于创造社会文化价值的“生态技术”；从城市生态学角度看，其社会—经济—自然复合生态系统机构合理、功能稳定，达到动态平衡状态。

城市生态小区与一般城市的小区相比，有本质的不同。生态小区的主要结构特征体现在建筑、景观、绿地等的建设、配置方面，而它的生态环境特征(特性)则是由其结构特征体现出来的，包括：和谐性、整体性、高效性、持续性和区域性等。

【实验步骤】

1. 设计调查内容

制定调查表，确定调查内容(见表 34-1)，采用访问调查和实地勘测的方法，对所在城市的几个小区样本进行调查。

2. 生态居住小区评估的项目和指标的分值设定

生态小区评估项目计 9 项，指标 47 个。根据各项指标的相对重要性赋予不同的分值(见表 34-2)，满分为 700 分。评估的前提是生态小区已全面达到了国家建设部和环保总局发布的有关标准。

表 34-1 居住小区的调查内容

基本情况	调查地点、调查日期、小区总面积、建筑完工时间、建筑朝向、户数、户均面积
能源方面	楼高、楼距、供暖系统、太阳能热水器使用率、风能利用、地热利用
水方面	雨水收集、饮水质量、污水处理、中水处理
空气方面	空气流通、空调使用率、停车场布局
绿地方面	硬覆盖类型及面积、软覆盖类型及面积、软硬过度的类型及面积、植物种类和数量、植物配置形式、楼南窗前绿化类型
垃圾方面	垃圾收集措施、垃圾处理工艺
生态安全方面	避灾空间、排水情况、有害动物及植物病虫害、老人和儿童的活动场地面积及布局

表 34-2 生态居住小区评估项目和指标体系

评价项目	内容	指标					
		AAA 级	分值	AA 值	分值	A 级	分值
生态建设规划	1.1 绿地生态建设规划	完整先进	9	较完整先进	4	尚完整先进	2
	1.2 能源生态建设规划	完整先进	9	较完整先进	4	尚完整先进	2
	1.3 水生态建设规划	完整先进	9	较完整先进	4	尚完整先进	2
	1.4 生活垃圾及废弃物处置和利用生态规划	完整先进	9	较完整先进	4	尚完整先进	2
	1.5 生态保健与生态安全建设规划	完整先进	9	较完整先进	4	尚完整先进	2
	1.6 小区生态管理规划	完整先进	5	较完整先进	2	尚完整先进	1
	合计	50		22		11	
土地资源与建筑材料	2.1 土地利用	废弃地、难开发地利用	30	原居民区改造	10	占有耕地、林地等	0
	2.2 与场地及周围自然环境的关系	完全适应场地自然环境，与周围自然环境相协调	10	能适应场地自然环境，与周围自然环境较协调	7	尚适应场地自然环境，与周围自然环境尚协调	3
	2.3 与周围人文景观的关系	协调一致	10	较协调一致	7	尚协调一致	3
	2.4 住宅及小区绿色建筑材料使用率(%)	≥50	30	≥40	20	≥30	10
	合计	80		44		16	
	3.1 绿地率(%)	≥45	10	≥40	5	≥35	2
	3.2 绿地绿化率(%)	≥80	10	≥70	5	<65	2
	3.3 人均占有绿地面积(m^2)	≥9	10	≥8	5	≥7	2
	3.4 裸土面积占小区(含绿地)总面积百分比(%)	0	10	≤5	5	<10	2
	3.5 除机动车道和强度践踏的地面外，软覆盖或透性覆盖面积占小区总面积百分比(%)	100	10	≥80	5	≥70	2
	3.6 绿化木本植物中乡土植物种类和数量占植物木本总种类和数量的百分比(%)	≥70	10	≥60	5	≥50	2
	3.7 绿化木本植物的种类	≥40	10	≥35	5	≥30	2
	3.8 绿化植物中针叶树数量占木本植物总量的百分比(%)	≤25	10	≤30	5	≤40	2
	3.9 绿化植物中飞絮、有毒、有异味致过敏及恶性杂草的种类(种)	无	10	3	5	4	2

续表

评价项目	内容	指标 AAA 级	分值	AA 值	分值	A 级	分值
绿地结构系统	3.10 乔、灌、草复层结构植物群落占绿地总面积的百分比(%)	≥20	10	≥15	5	≥10	3
	3.11 住宅楼南栽植的乔灌木(高度≥5cm)与窗前的距离(m)	≥8m	10	≥7m	5	≥6m	3
	3.12 小溪与睡眠驳岸材料	以植被为主,天然石块为辅	30	以天然石块为主,植被为辅	20	全部为天然石块	10
	小区内喷撒有害人体或污染环境的农药	0	10	喷洒后植物、土层无残留	5	有残留	0
	合计	150		80		34	
能源利用	4.1 小区内每位住户至少有一个房间在冬至日室内太阳光照时间	≥2 小时	50	≥1 小时	40	≥0.5 小时	30
	4.2 利用太阳能,使用率达到小区总能耗的百分比(%)	≥5	10	≥3	5	≥1	3
	4.3 利用风能,使用率达到小区总能耗的百分比(%)	≥5	10	≥3	5	≥1	3
	4.4 利用地热能,使用率达到小区总能耗的百分比(%)	≥5	10	≥3	5	≥1	3
	4.5 利用生物能,使用率达到小区总能耗的百分比(%)	≥5	10	≥3	5	≥1	3
	4.6 利用余热,使用率达到小区总能耗的百分比(%)	≥10	10	≥5	5	≥1	3
	合计	100		65		45	
水资源的利用与处理	5.1 分质供水、在小区内设有自来水深处理站,自来水达到国家饮用水标准,直饮水管入户率(%)	90	30	≥70	20	≥50	15
	5.2 节水器具使用率(%)	≥90	20	≥70	10	≥50	5
	污水处理与中水利用 5.3 小区设污水处理站,污水处理达标率(%)	≥90	40	≥60	20	≥50	10
	5.4 污水处理产生的污泥利用率(%)	100	10	≥80	5	≥70	3
	天然降水收集和利用 5.5 小区天然降水(包括地表径流)收集储存,用作绿化、景观等用水,收集利用率(%)	≥90	50	≥70	30	≥50	20
	合计	150		85		53	
生活垃圾收集与处理	6.1 生活垃圾收集率(%)	100	10	≥90	5	≥80	3
	6.2 生活垃圾密团储运率(%)	100	20	≥90	10	≥80	5
	6.3 生活垃圾分类率(%)	100	30	≥80	20	≥60	10
	6.4 生活垃圾回收率(%)	≥80	20	≥60	10	≥50	5
	合计	80		45		23	
声环境	7.1 小区噪声标准	白天≤45dB 夜间≤35dB	20	白天≤50dB 夜间≤40dB	10	白天≤55dB 夜间≤45dB	5
	合计	20		10		5	
小区大气环境	8.1 小区内通风情况	楼群布局合理,区内通风自然,无高楼强风效应	10	楼群布局较合理,区内通风良好	8	楼群布局尚合理,区内通风一般	3
	8.2 停车场及临时停车场布局及汽车尾气逸散情况	布局合理,汽车尾气逸散迅速	10	布局较合理,汽车尾气逸散较快	8	布局尚合理,汽车尾气能逸散	3
	合计	20		16		6	

续表

评价项目	内容	指标					
		AAA 级	分值	AA 值	分值	A 级	分值
生态保健与生态安全	9.1 小区内人车分流率(%)	100	10	≥80	5	≥70	3
	9.2 绿地内木本植物群落的透视距离(m)	≥10m	5	<10m	3	≥6m	2
	9.3 开放绿地用作室外公共安全绿地满足率(%)	100	10	≥80	5	≥60	2
	9.4 室外活动休闲开放绿地的满足率(%)	100	10	≥80	5	≥60	2
	9.5 暴雨停后 24 小时地面积水消失率(%)	100	10	≥80	5	≥60	3
	9.6 临河小区防洪标准	50 年一遇	5	30 年一遇	3	20 年一遇	2
	合计	50		26		14	

3. 生态居住小区分级

生态居住小区共分为 AAA 级、AA 级、A 级。考虑生态居住小区建设在我国刚刚起步，以前的建筑无标准可行，本评估指标体系的提出带有一定的方向性，因此，目前用本指标体系对已建成小区进行评估时，在标准把握上宜低不宜高，对新建成小区则应按标准要求。为此，在各分级分值上，应随着时间而变化，共分为三期：近期 1~3 年，中期 3~5 年，远期 5 年以上，同是 AAA 级生态居住小区，时间不同，在评估分值上有一定的差别。三个等级生态居住小区在不同时期评估，其达标总分值不同(见表 34–3)。

表 34–3 不同时期各级生态居住小区评估达标总分值

生态居住小区等级	AAA 级	AA 级	A 级
近期分值(1–3 年)	≥400 分	≥200 分	≥150 分
中期分值(3–5 年)	≥450 分	≥250 分	≥200 分
远期分值(≥5 年)	≥500 分	≥300 分	≥250 分

【作业】

根据生态居住小区评估项目及指标体系标准，分组对各小区进行调查分析，给各小区进行等级评定，最后提交小区的评价报告。

（李全发）

第三部分　研究性实验

实验 35　盐胁迫对小麦生长的影响

Ⅰ. 对小麦幼苗生长的影响

【实验目的】

盐胁迫对植物生长发育的各个阶段如种子萌发、幼苗生长、成株生长等都有着不同程度的影响。不同种类的植物受其影响的程度也各不相同。本实验主要观察不同盐分（Na_2CO_3 或 NaCl）对不同植物种子生长和发育的影响。通过本实验使学生了解盐胁迫对植物的影响；掌握小麦各项生理生态指标在盐胁迫条件下的变化趋势。

【实验材料与设备】

种子：取当年生健康、饱满的小麦种子。

试验液：用改良 Hoagland 营养液分别配制 500 $mg \cdot L^{-1}$，1000 $mg \cdot L^{-1}$，2000 $mg \cdot L^{-1}$，3000 $mg \cdot L^{-1}$，4000 $mg \cdot L^{-1}$ 5 个浓度梯度的 Na_2CO_3（或 NaCl）试验液。以Hoagland营养液作对照。

设备：培养皿（9.5cm），滤纸（直径为 9 cm 定性滤纸若干），电热恒温箱［（HH-B11-600 型），温度范围：20 ~ 60℃（+/-0.5℃）］，TG328A 型全自动分析天平 / 电子天平，400ml 烧杯，200ml 容量瓶，10ml 移液管，毫米刻度尺，玻璃棒，镊子。

【实验步骤】

1. 预处理

（1）种子的预处理：用 10% 的次氯酸钠消毒 10 min 再用 30% H_2O_2 消毒后，在饱和 $CaSO_4$ 溶液浸泡 6 h，再冲洗干净。

（2）器皿准备：取培养皿数只，分别按以下处理贴好标签。

小麦：对照；

Na_2CO_3：500 $mg \cdot L^{-1}$，1000 $mg \cdot L^{-1}$，2000 $mg \cdot L^{-1}$，3000 $mg \cdot L^{-1}$，4000 $mg \cdot L^{-1}$；

（或 NaCl：500 $mg \cdot L^{-1}$，1000 $mg \cdot L^{-1}$，2000 $mg \cdot L^{-1}$，3000 $mg \cdot L^{-1}$，4000 $mg \cdot L^{-1}$。）

将每个培养皿底部平铺两片滤纸。以 Hoagland 营养液为对照。设 3 次重复。

2. 种子的培养

挑选籽粒大小相当的种子播于铺有滤纸的培养皿（发芽床）内，分别加入不同浓度的营养液 10 mL，每份样品 50 粒，各品种各浓度均设 3 个平行样，然后将培养皿置于恒温箱中，在 25℃无光条件下培养 14 d。培养期间，每天用 Hoagland 营养液处理一次以保持一定湿度，加溶液时最好用滴管滴入或用小喷雾器喷入，防止加水过猛，冲乱种子。如果在发芽床内有 5%以上的种子发霉，则应进行消毒或更换新床。

3. 幼苗生长指标的测定

测定小麦幼苗株高、根长、茎叶鲜重、根鲜重、茎叶干重和根干重。以上各量均取平均值，将记录记入表 35-1。

表 35-1 小麦幼苗生长指标的测定

指标	Na_2CO_3（或 NaC1）浓度（$mg\cdot L^{-1}$）					
	0	500	1000	2000	3000	4000
株高(cm)						
根长(cm)						
茎叶鲜重(cm)						
根鲜重(gm)						
茎叶干重(gm)						
根干重(gm)						
根冠比						

Ⅱ. 逆境胁迫对植物组织细胞膜透性的影响

【实验原理】

逆境胁迫情况下，植物细胞原生质的膜结构会受到不同程度的损伤，膜的透性增加，细胞内部电解质外渗。膜结构的破坏程度和逆境胁迫程度呈正相关。本实验采用电导法测定电解质的相对外渗率，以了解不同程度的逆境胁迫对植物不同组织的伤害情况。电解质的相对外渗率用相对电导率表示。

【实验材料与仪器】

植物材料：受梯度 Na_2CO_3（或 NaCl）浓度盐胁迫的小麦叶片

设备：DDS-12 型电导仪，100ml 锥形瓶，振荡器

【实验步骤】

(1)分别摘取对照和 5 个盐胁迫梯度的小麦叶片数片，将同一处理的叶片放在一起，洗净擦干。

(2)称取小麦叶片 0.5 g，剪成 1cm 长小段，加入装有 20ml 双蒸水的锥形瓶中，于电动振荡器上振荡（速度：40 ~ 60 次 · min^{-1}）30 min。以双蒸水为对照。

(3)用 DDS-12 型电导仪测定各锥形瓶中液体的电导率($\mu s \cdot cm^{-1}$)。

Ⅲ.植物组织丙二醛含量的测定

【实验原理】

植物在逆境或衰老条件下,会发生膜脂的过氧化作用。丙二醛(MDA)是膜脂过氧化产物之一,其浓度表示膜脂过氧化强度和膜系统的伤害程度,所以是逆境生理指标。

植物组织的受逆境胁迫或衰老总是伴随着细胞内膜结构的破坏,表现为细胞内的电解质大量渗漏出来。有很多研究表明,细胞在逆境过程中膜的破坏是由细胞(特别是线粒体或叶绿体)中产生的超氧物自由基($O_2^- \cdot$,$OH^- \cdot$)诱导膜质中的不饱和脂肪酸发生膜脂过氧化作用而造成的。膜脂过氧化作用中产生膜脂自由基,它不仅能连续诱发膜脂的过氧化作用,而且又可使蛋白质脱 H^+ 而产生蛋白质自由基,使蛋白质分子发生链式聚合,从而使细胞变性,最终导致细胞损伤或死亡。

膜脂过氧化作用中产生的丙二醛,可与硫代巴比妥酸形成红棕色的产物,在 532nm 处有一吸收高峰,根据其在 532nm 处的吸光系数可计算出细胞内丙二醛的含量。丙二醛含量的多少可代表膜损伤程度的大小。醛、单糖对此反应有干扰,溶液的 pH 值和温度对反应也有影响。

【实验材料与设备】

植物材料:受梯度 Na_2CO_3(或 NaCl)浓度盐胁迫的小麦叶片。

设备:研钵;剪刀;开水浴;试管;分光光度计。

试剂:0.5%硫代巴比妥酸(溶于 20%三氯醋酸中)溶液。

【实验步骤】

(1)分别摘取对照和 5 个盐胁迫梯度的小麦叶片数片,将同一处理的叶片放在一起,洗净擦干,减成 0.5 cm 长的小段。

(2)称取每一处理的叶片切段各 0.3 g,分别放研钵中,加少许石英砂和 2 ml 蒸馏水,研磨成匀浆。将匀浆转移到试管中,再用 3 ml 蒸馏水分两次冲洗研钵,合并提取液。每一处理的材料各作三个重复实验样品。

(3)在提取液中加入 5 ml 0.5%硫代巴比妥酸溶液,摇匀。

(4)将试管放入沸水浴中煮沸 10 min(自试管内溶液中出现小气泡开始计时),到时间后,立即将试管取出并放入冷水浴中。

(5)待试管内溶液冷却后,3000 r/min 离心 15min,取上清液并量其体积。以 0.5%硫代巴比妥酸溶液为空白测 532nm 和 600nm 处的吸光度。

【结果计算】

根据下式计算叶片中过氧化脂质的含量：

过氧化脂质含量(m mol/g·W(鲜重))＝ ⊿A·N / 155 × d·W

式中：⊿A 为 A532 和 A600 的差；N 为上清液总体积；155 为 1 mmol 三甲川在 532nm 的吸光系数；d 为比色杯光程；W 为称取植物材料的鲜重(g)。

【作业】

比较不同处理小麦叶片中过氧化脂质的含量与对照的区别，并分析原因。

Ⅳ. 小麦叶片叶绿素含量的测定

【实验原理】

叶绿素 a、b 的丙酮溶液在可见光波长范围内的最大吸收峰分别位于 663nm 和645nm 处，同时在该波长时叶绿素 a、b 的比吸收系数是已知的，根据 Lanbert-Beer 定律可得出叶绿素 a、b 的浓度(μg/mL)与它们在 645nm 和 663nm 处的吸光度(A)之间的关系式如下：

$$Ca = 12.7\ A_{663} - 2.69A_{645} \quad ①$$

$$Cb = 22.9A_{645} - 4.68\ A_{663} \quad ②$$

$$Ca+b = 20.2\ A_{663} + 8.02A_{645} \quad ③$$

式中 C_a，C_b，C_{a+b} 分别为叶绿素 a、叶绿素 b、叶绿素 a＋b 的浓度。丙酮提取液中类胡萝卜素的浓度可按下式计算：

$$Ck = 4.7\ A_{440} - 0.27\ C_{a+b} \quad ④$$

【实验材料与设备】

植物材料：受梯度 Na_2CO_3(或 NaCl)浓度盐胁迫的小麦叶片。

设备：剪刀；电子天平；研钵；移液管；721 型分光光度计。

试剂：80%丙酮；$CaCO_3$(固体)。

【实验步骤】

1. 提取叶绿素

选取受梯度 Na_2CO_3(或 NaCl)浓度盐胁迫处理的小麦叶片，洗净擦干，去叶柄及中脉剪碎混匀后，称取 0.5 g 叶片置研钵中，加 2 ml80%丙酮和少许 $CaCO_3$，研磨成匀浆，再加入 5 ml 80%丙酮，继续研磨至组织发白。

转移到 25 ml 棕色容量瓶中，用少量 80%丙酮冲洗研钵、研棒及残渣数次，最后连同残渣一起倒入容量瓶中。最后用 80%丙酮定容至 25 ml,摇匀,离心或过滤。

2. 测定吸光度

将上述色素提取液倒入 1cm 光程的比色杯中。以 80%丙酮为空白，在波长 663nm、645nm、652nm 和 440nm 下测定光密度。

3. 结果计算

将测得的光密度值代入公式,分别计算叶绿素 a、b、a+b 和类胡萝卜素的浓度(mg/L)。并按下式计算组织中单位鲜重或干重的各色素的含量:

色素在叶片中的含量(%)=[色素浓度(mg/L)×提取液总体积×稀释倍数]/[样品质量(mg)×1000]×100%

式中:稀释倍数:若提取液未经稀释,则取 1。

【注意事项】

(1)为了避免叶绿素光分解,操作时应在弱光下进行,研磨时间应尽量短些。

(2)叶绿素色素提取液不能混浊。

V. 几种抗氧化物酶活性的测定

植物体内的活性氧主要包括O_2^{-}、H_2O_2、·OH、·O_2 等。而植物为保护自身免受活性氧的伤害,形成了内源保护系统,包括抗氧化酶类和非酶抗氧化剂。抗氧化酶主要是超氧物岐化酶(SOD)、过氧化氢酶(CAT)、抗坏血酸过氧化物酶(AsA-POD)、谷胱甘肽还原酶（GR）等；抗氧化剂则包括还原型谷胱甘肽（GSH)、抗坏血酸(AsA)、类胡萝卜素、2—生育酚(维生素 E)、类黄酮、生物碱、半胱氨酸、氢醌及甘露醇等。在正常条件下,植物体的活性氧产生与清除处于动态平衡,不会积累过多活性氧,植物正常生长、发育。但当植物遭受干旱、低温、高温、盐渍、高光强、O_3 和SO_2 等逆境,以及植物衰老时(目前有人人为衰老也是一种逆境),体内活性氧在体内的过量积累,从而对植物造成伤害。测定抗氧化酶活性、抗氧化剂含量在逆境条件下的变化情况,对于研究植物的逆境伤害和植物抗逆机制具有重要意义。

一、超氧物岐化酶(SOD)活性的测定

【实验原理】

SOD 是含金属辅基的酶,它能催化以下反应:

$$O_2^{-}+O_2^{-}+2H^{+}\rightarrow H_2O_2+O_2$$

由于超氧阴离子自由基(O_2^{-})寿命短,不稳定,不易直接测定 SOD 活性,而常采用间接的方法。目前常用的方法有 3 种,包括 NBT 光化还原法、邻苯三酚自氧化法、邻苯三酚自氧化法—化学发光法。本实验主要介绍 NBT 光化还原法,其原理

是：氮蓝四碰在蛋氨酸和核黄素存在的条件下，照光后发生光化还原反应而生成蓝甲潜，蓝甲潜在560nm处有最大光吸收。SOD能抑制氮蓝四碰的光化还原，其抑制强度与酶活性在一定范围内成正比。

【实验材料与设备】

植物材料：受梯度Na_2CO_3（或NaCl）浓度盐胁迫的小麦叶片。

设备：分光光度计；冷冻离心机；微量进样器；水浴锅；光照培养箱（或其他照光设备）、5ml小烧杯等。

试剂：50mmol/L pH＝7.8的磷酸缓冲液（PBS）；L－甲硫氨酸：称甲硫氨酸0.34 g，用7.8 PBS溶解定容至150mL；氯化硝基四氮碰蓝（NBT）溶液：称NBT 3mg，用7.8 PBS溶解定容至5mL；核黄素：称2.936g用7.8 PBS溶解定容至200mL（遮光保存）。

【实验步骤】

1. 酶液制备

称取每一处理的叶片各0.5 g，分别放研钵中，加50mmol/L的磷酸缓冲液（pH＝7.8），研磨成匀浆。4℃下15000 r/min离心15min，上清液定容至5mL，取部分上清液经适当稀释后用于酶活性测定。

2. 酶活性测定

在3ml的反应混合液中含L－甲硫氨酸（2.5ml）、NBT（0.25ml）、核黄素（0.15ml）、50mmol/L pH＝7.8的磷酸缓冲液（0.05ml），加入经适当稀释的适量酶液。以不加入酶液（用缓冲液代替）的试管为最大光化还原管，用缓冲液作空白管（用缓冲液代替NBT）。然后将各管放在4000 lx光照培养箱或日光灯下照光约20 min，测定反应液560nm的光密度。

3. 结果计算

以抑制NBT光化还原50%所需的酶量为1个酶活单位（U），

$$n=[(OD_{max}-OD_{560})/OD_{max}]/2$$

然后再计算出酶活性，以U/gFW表示。

【作业】

测定活性时加入的酶量，以能抑制反应的50%为最佳，为什么？

二、过氧化氢酶和过氧化物酶活性的测定

【实验原理】

植物体内的黄素氧化酶类代谢产物常包含H_2O_2，如光吸收中的乙醇酸氧化

酶、呼吸作用中的葡萄糖氧化酶等。H_2O_2 的积累可导致破坏性的氧化作用。过氧化氢酶（CAT）和过氧化物酶（POD）是清除 H_2O_2 的重要保护酶，能将 H_2O_2 分解成 O_2 和 H_2O，从而使机体免受 H_2O_2 的毒害作用。其活性与植物的抗逆性密切相关。

CAT 催化如下反应：

$$2H_2O_2 \rightarrow 2H_2O + O_2$$

本实验通过测定 H_2O_2 的减少量来测定 CAT 的活性。

在 H_2O_2 存在的条件下，过氧化物酶能使愈创木酚氧化，生成茶褐色的 4－邻甲氧基苯酚。可用分光光度计测生成物的含量来测定 POD 活性。

【实验材料与设备】

植物材料：受梯度 Na_2CO_3（或 NaCl）浓度盐胁迫的小麦叶片

设备：天平；分光光度计；冷冻离心机；微量进样器；研钵；漏斗等。

试剂：50mmol/L pH＝7.8 的磷酸缓冲液；50mmol/L pH＝7.0 的磷酸缓冲液；0.3%H_2O_2：吸 0.5ml 30%H_2O_2 加入 7.0 PBS 定容至 50ml；0.2%愈创木酚：称 0.2g 愈创木酚，用 7.0 PBS 溶解定容至 100ml。

【实验步骤】

1. 酶液制备

称取每一处理的叶片各 0.2 g，分别放研钵中，加 pH＝7.8 的磷酸缓冲液，研磨成匀浆。4℃下 15000 r/min 离心 15min，取上清液定容至 5mL，取部分上清液经适当稀释后用于酶活性测定。

2. CAT 活性的测定

在 2ml 的反应体系中，包括 0.3%H_2O_2（1ml）、H_2O（1.9 ml），最后加入 0.1 ml 的酶液，启动反应。测定 240nm 波长处的 OD 值减少 0.01 定义为 1 个活力单位。

3. POD 活性的测定

在 3mL 的反应体系中，加入 0.3%H_2O_2（2 ml）、0.2%愈创木酚（0.95 ml）、pH＝7.0 的磷酸缓冲液（1 ml），最后加入 0.05 ml 的酶液，启动反应。记录 470nm 波长处的 OD 值降低速度。将每分钟 OD 值增加 0.01 定义为 1 个活力单位。

4. 结果计算

CAT 和 POD 的酶活性，以 U/gFW 表示。

Ⅵ. 植物体内超氧阴离子自由基含量的测定

【实验原理】

细胞内参与酶促或非酶促反应的氧分子，当它只接受一个电子时就会转变为超氧阴离子自由基(O_2^-·),O_2^-·一方面会与体内的蛋白质和核酸等活性物质直接作用,又能转化为H_2O_2、羟自由基(·OH)、单线态氧(·O_2)等。·OH会引起膜脂的过氧化反应,产生一系列自由基和活性氧。正常情况下,植物体内产生的自由基和活性氧可通过内源的抗氧化保护系统转变为活性较低的物质,从而维持产生和清除的动态平衡,植物得以正常生长、发育。而逆境条件下,产生和清除的代谢系统失调,造成活性氧和自由基在体内过量积累,对植物造成伤害。

O_2^-·的测定原理是:O_2^-与羟胺反应生成NO_2^-,NO_2^-在对氨基苯磺酸和a-萘胺的作用下,生成粉红色的偶氮化合物,该有色化合物在530nm处有显著吸收。显色反应的第一步是对氨基苯磺酸与NO_2^-起重氮化反应:

$$SO_2H-C_6H_4-NH_2CH_4COOH+HNO_2 \rightarrow SO_2OH-C_6H_4-N_2(CH_3COO)+H_2O$$

第二步是重氮化的氨基苯磺酸与萘胺生成偶氮染料:

$$SO_2OH-C_6H_4-N_2(CH_3COO)+C_{10}H_7NH_2 \rightarrow CH_3COOH+SO_2OH-C6H_4-N_2C_{10}H_6NH_2$$

根据NO_2^-标准曲线,将OD530换算成(NO_2^-),再依据反应式$NH_2OH+2O_2^-·+H+H_2O_2 \rightarrow NO_2^-+H_2O_2+H_2O$,直接进行$NO_2^-$·的化学计量,即依据[$NO_2^-$]得出[$O_2^-$·]。

【实验材料与设备】

1. 实验材料

小麦种子经表面消毒。催芽萌发后的种子种在盛有蛭石(每盆称等重蛭石),底部穿孔的塑料盆中,然后培养在人工气候箱中,光照强度为80μmol/(m2·s),温度为25℃,湿度为70%~80%,每天照光16小时,幼苗10d时以木村营养液将蛭石饱和,然后停止供水。停止供水后12d时取样测定含量。

2. 仪器设备

低温离心机、恒温水浴锅、分光度计、研钵、漏斗、沙布、试管、移液管等。

3. 实验试剂药品

$NaNO_2$;

65mmol/L磷酸缓冲液,pH7.8;

10mmol/L羟胺氯化物:称取0.0694g羟胺氯化物,用蒸馏水溶解并定容至100mL;

17mmol/L对氨基苯磺酸:称取0.5888g氨基苯磺酸,用蒸馏水溶解并定容至200mL;

7mmol/L a-萘胺:称取0.2005g a-萘胺,用蒸馏水溶解(可加热以促进溶解)并定容至200mL。

【实验步骤】

1. NO_2^-标准曲线的制作

配制浓度分别为 0 μ mol/L、5 μ mol/L、10 μ mol/L、15 μ mol/L、20 μ mol/L、30 μ mol/L、40 μ mol/L 的 $NaNO_2$ 标准溶液。分别吸取上述标准溶液 0.5mL，分别加入 0.5ml 氨基苯磺酸和 0.5mla－萘胺，于 25℃恒温水浴中保温反应 20min，加入 1.5ml 的正丁醇，摇匀后，取正丁醇相测定 530nm 处的 OD 值。将测定结果以 NO_2^-浓度为横坐标，以光密度值为纵坐标制作标准曲线。

2. O_2^-·的提取

称取小麦幼苗地上部分 5g，加入 6 ml65mmol/LpH7.8 的 PBS 研磨，过滤，5000 × g 离心10 min，取上清液。

3. O_2^-·含有量的测定

（1）取上述上清液 1 ml（蛋白含量约 0.5mg），加入 6 ml65mmol/LPBS0.9 ml，羟胺氯化物 0.1 ml（以 PBS 代替样品上清液作空白）。混合后，于 25℃恒温水浴中培养20min。

（2）取上述培养液 0.5 ml，分别加入对氨基苯磺酸 0.5 ml，a－萘胺 0.5 ml，于 25℃恒温水浴中保温反应 20min，加入 1.5 ml 的正丁醇，摇匀后，取正丁醇相测定 530nm 处的 OD 值。

（3）用考马斯亮蓝 G－250 法测定步骤 2 上清液的蛋白质含量。

4. 结果计算

根据测得的 OD_{530}，查 NO_2^-标准曲线，将 OD_{530} 换算成$[NO_2^-] \times 2$，则得$[O_2^-·]$，再根据样品与羟胺反应的时间（20min）以及样品中的蛋白质含量，则可求得 O_2^-·的产生速率：O_2^-· μ mol/（min·mgprot）。

（王友保）

实验 36 土壤和茶叶样品中铜和锌含量的测定

【实验目的】

（1）了解原子吸收分光光度法的原理；

（2）掌握土壤样品、植物样品的消化方法，掌握原子吸收分光光度计的使用方法。

【实验原理】

火焰原子吸收分光光度法是根据某元素的基态原子对该元素的特征谱线产生选择性吸收来进行测定的分析方法。将试样喷入火焰，被测元素的化合物在火焰中离解形成原子蒸气，由锐线光源（空心阴极灯）发射的某元素的特征谱线光辐射通过原子蒸气层时，该元素的基态原子对特征谱线产生选择性吸收。在一定条件下特征谱线光强的变化与试样中被测元素的浓度成比例。通过对自由基态原子对选用吸收线吸光度的测量，确定试样中该元素的浓度。

湿法消化是使用具有强氧化性酸，如 HNO_3、H_2SO_4、$HClO_4$ 等与有机化合物溶液共沸，使有机化合物分解除去。干法灰化是在高温下灰化、灼烧，使有机物质被空气中氧所氧化而破坏。

本实验采用湿法消化土壤和茶叶中的有机物质。

【实验材料】

（1）原子吸收分光光度计、铜和锌空心阴极灯。

（2）锌标准液。准确称取 0.1000g 金属锌（99.9%），用 20ml 1∶1 盐酸溶解，移入1000ml 容量瓶中，用去离子水稀释至刻度，此液含锌量为 100mg/L。

（3）铜标准液。准确称取 0.1000g 金属铜（99.8%），用 15ml 1∶1 硝酸溶解，移入1000ml 容量瓶中，用去离子水稀释至刻度，此液含铜量为 100mg/L。

【实验步骤】

1. 标准曲线的绘制

取 6 个 25ml 容量瓶，分别加入 5 滴 1∶1 盐酸，依次加入 0.00、1.00、2.00、3.00、4.00、5.00ml 的浓度为 10mg/L 的铜标准液和 0.00、0.10、0.20、0.40、0.60、0.80ml 的浓度为 100mg/L 的锌标准溶液，用去离子水稀释至刻度，摇匀，配成含 0.00、0.40、0.80、

1.20、1.60、2.00mg/L 铜标准系列和 0.00、0.40、0.80、1.20、1.60、2.40、3.20mg/L 的锌标准系列，然后分别在 324.7nm 和 213.9nm 处测定吸光度，绘制标准曲线。

2. 样品的测定

(1)样品的消化

①土壤样品的消化。准确称取 1.000g 土样于 100ml 烧杯中(2 份)，用少量去离子水润湿，缓慢加入 5ml 王水(硝酸：盐酸＝1：3)，盖上表面皿。同时做 1 份试剂空白，把烧杯放在通风橱内的电炉上加热，开始低温，慢慢提高温度，并保持微沸状态，使其充分分解，注意消化温度不宜过高，防止样品外溅，当激烈反应完毕，大部分有机物分解后，取下烧杯冷却，沿烧杯加入 2~4ml 高氯酸，继续加热分解直至冒白烟，样品变为灰白色，揭去表面皿，赶出过量的高氯酸，把样品蒸至近干，取下冷却，加入 5ml 1%的稀硝酸溶液加热，冷却后用中速定量滤纸过滤到 25ml 容量瓶中，滤渣用 1%稀硝酸洗涤，最后定容，摇匀待测。

②茶叶样品的消化。准确称取 1.000g 已处理好的茶叶试样于 100ml 烧杯中(3 份)，用少量去离子水润湿，加入混合酸 10ml(硝酸:高氯酸＝5：1)。同时做 1 份试剂空白，待激烈反应结束后，移到由变压器控制的电炉上，微热至反应物颜色变浅，用少量去离子水冲洗烧杯内壁，盖上表面皿，逐步提高温度。在消化过程中，如有炭化现象可再加入少许混合酸继续消化，直至试样变白，揭去表面皿，加热近干，取下冷却，加入少量去离子水，加热，冷却后用中速定量滤纸过滤到 25ml 容量瓶中，再用去离子水稀释至刻度，摇匀待测。

(2)测定

将消化液在与标准系列相同的条件下，直接喷入空气－乙炔火焰中，测定吸收值。

(3)实验结果

所测得的吸收值(如试剂空白有吸收，则应扣除空白吸收值)在标准曲线上得到相应的浓度 M(mg/ml)，则试样中：

$$铜或锌的含量(mg/kg)＝1000MV/m$$

式中：M——标准曲线上得到的相应浓度，mg/ml；

V——定容体积，ml；

m——试样质量，g。

【分析】

通过统计分析，探讨茶叶中铜、锌含量与土壤铜、锌含量的相关性。

（张　杰）

实验37 利用植物微核技术检测环境污染物的致突变性

【实验目的】

(1)掌握利用植物微核技术测定诱变剂损伤的方法;

(2)认识环境污染物的致突变性。

【实验原理】

微核(MCN)是真核类生物细胞经辐射或化学诱变剂的作用而产生的一种游离于主核外的异常结构,和中期细胞染色体畸变一样,与用药的剂量或辐射累积呈正相关,同时与中期染色体畸变率相关非常显著,是一种检测诱变剂损伤的简便易行的方法。现已被我国国家环保局列入了生物监测技术规范。

除本实验提到的几种检测植物外,现在应用较多的还有紫露草、紫竹梅、紫菜、洋葱、玉米等多种植物,只是不同物种对不同诱变剂的敏感性不同,因此用不同生物学方法来检测时,其结果可能有一定差异,但不论差异存在的有无,一种生物学方法的阳性结果的事实一样不容忽视。

检测计算千分率的办法是

$$MCN‰=\frac{\text{检出微核的细胞数}}{\text{检测的细胞总数}}\times 1000‰$$

为便于定量化描述,常引入污染指数(PI)。

$$PI=\frac{\text{检测的微核千分率平均值}}{\text{对照组微核千分率}}$$

这样可以避免不同材料处理的本底值差异而给检测结果的判断分析造成困难,而用PI来进行比较。

【实验材料与设备】

1. 实验材料

蚕豆种子,大蒜,鸭跖草花序。

2. 仪器药品

NaN_3,配制0.4,0.8,1.6m mol/L的各种浓度液体;

甲基磺酸钠,配制50,100,200m mol/L的液体;

$NaNO_2$,配制 10,30,80m mol/L 的液体;

Carnoy's 固定液:3 乙醇 : 1 冰醋酸;

浮尔根染色液:向 1L 沸水中加 4g 碱性品红,摇匀冷却至 50℃,过滤。向滤液中加 120ml 1N HCl、12g $K_2S_2O_5$ 于暗处 24h 进行脱色,再加 3g 活性炭振荡约 1 分钟后过滤,滤液保存于棕色瓶中,冰箱内贮存。

改良碱性品红:A. 称 3g 碱性品红,溶于 100ml 70%酒精中(可长期保存);B. 取 A10ml,加 90ml 的 5%石碳酸溶液(二周内使用);C. 取 B45ml,加 6ml 冰醋酸,6ml 37%甲醛;D. 取 C2 ~ 10ml,加 90 ~ 98ml45%醋酸和 1.8g 山梨醇。放置二周后,D 液染色效果较好。

盐酸

培养皿:三角烧瓶,剪刀,镊子,载玻片,盖玻片,显微镜。

【实验步骤】

(1)将蚕豆放入各处理液的烧杯内,置于 25℃温箱内,浸泡 48 小时,待种子吸涨后,选取发育良好的种子,用纱布、包裹好,放入温箱(25℃)内催芽。待根长至 2 ~ 3cm 后,将根尖用自来水冲洗后,剪取 1cm 左右根尖,再用 Carnoy's 液固定 24h,随后放入 70%酒精中保存(4℃冰箱中可保存两个月)。将保存的根尖取出,用蒸馏水漂洗后放入 0.1NHCl 中,60℃水浴解离 8 ~ 10min。蒸馏水漂洗后进行浮尔根或改良碱性品红染色,再压片观察。每个处理镜检 3 个根尖,计算其微核千分率。另设自来水对照。

(2)将大蒜排放在各盛有不同处理液的培养皿中,置于 25℃温箱内培养催根。每天更新一次处理液。待根长至 2 ~ 3cm 后,按 1 的操作办法压片计数微核率。另设自来水对照。

(3)剪取新鲜的鸭跖草花序各 3 根,插入盛有不同处理液的三角烧瓶中。24℃光照培养 30h。然后用 Carnoy's 液固定 48h,随后转入 70%酒精中保存。取适当大小,处于四分孢子体早期的材料,进行染色,压片观察,计数微核率。另设自来水对照。

(4)记录检测结果。

【分析】

(1)总结微核实验,讨论其在检测诱变剂损伤中的意义。

(2)讨论上述三种植物检测方法的异同点和优缺点。

(3)根据不同浓度处理液的处理检测结果,讨论微核与诱变剂间的剂量效应。

(王友保)

实验38 城市污水对作物种子萌发率的影响

【实验目的】

(1)了解环境协迫对种子萌发率的影响,认识城市污水对作物的伤害;

(2)掌握种子萌发过程中发芽率、发芽势、发芽指数等各项指标的观察和计算方法;

(3)掌握几种水质指标的测定原理与方法。

Ⅰ.城市污水对作物种子萌发率的影响

【实验原理】

种子萌发需要一定的水分、温度、氧气等环境条件,通过体内贮藏物质的分解,给种子萌发提供能量和物质,环境中的一些因素可以多种直接或间接的方式作用于种子,影响种子的萌发率和萌发速率。

【实验材料与设备】

9.5cm 培养皿,滤纸,油菜种子,萝卜种子。

【实验步骤】

1. 预处理

(1)种子的预处理:用 10%的次氯酸钠消毒 10 min 再用 30% H_2O_2 消毒后,在饱和 $CaSO_4$ 溶液浸泡 6 h,再冲洗干净。

(2)将城市污水和蒸馏水按三个处理分别加 15ml 于培养皿中,处理为①蒸馏水组,②蒸馏水+污水组(1∶1),③污水组。各设 3 个重复。

2. 种子的培养

挑选籽粒大小相当的种子播于铺有滤纸的培养皿(发芽床)内,分别加入不同的污水处理,每份样品 50 粒,然后将培养皿置于恒温箱中,在 25℃无光条件下培养。培养期间,每天更换处理液一次。如果在发芽床内有 5%以上的种子发霉,则应进行消毒或更换新床。

3. 记　录

在种子处理的第二天，开始逐日观察记录正常萌发种子数、不萌发种子数及腐烂种子数。第一次观察后取正常发芽种子测其生理指标，之后每次观察后将正常发芽种子和腐烂种子取出弃掉。观察时间为发芽后 1～2 周。将观察结果填入表 38-1。

表 38-1　种子发芽情况记录

污水处理	平行样	时间(d)													
		1	2	3	4	5	6	7	8	9	10	11	12	13	14
蒸馏水组	1														
	2														
	3														
蒸馏水+污水组	1														
	2														
	3														
污水组	1														
	2														
	3														

4. 计　算

(1)发芽率(%)=7d 发芽的种子数 / 供试验种子数 × 100%，发芽率是决定种子品质和种子实际用价的依据。其计算式为：

$$Gr = \sum Gt/T \times 100\%$$

式中：Gr——发芽率，%；

Gt——在 t 中的发芽数，个；

T——供试种子总数，个。

(2)发芽势(%)=3 d 发芽种子数 / 供试验种子数 × 100%

种子发芽势是判别种子质量优劣、出苗整齐与否的重要标志，也与幼苗强弱和产量有密切的关系。发芽势高的种子，出苗迅速，整齐健壮。

(3)发芽指数　$Gi = \sum (Gt/Dt)$

式中：Gi——发芽指数；

Gt——在 t 中的发芽数，个；

Dt——相应的发芽天数，d。

根据表 38-1 的数据，分别计算发芽率、发芽势和发芽指数，将计算结果填入表 38-2。

表 38-2　种子萌发中的发芽率、发芽势和发芽指数计算结果

指标	处理		
	蒸馏水组	蒸馏水+污水组	污水组
发芽率(%)			
发芽势(个·d^{-1})			
发芽指数			

【结果分析】

(1)城市污泥和污水对作物种子萌发有何影响?根据实验结果,可以得出什么结论和启示?

(2)处理后,随时间的推移,种子萌发率有无变化? 有何变化? 说明了什么问题。

附:实验说明

(1)供实验用作物种子应是优质良种,没有杂种、缺损、虫蚀及成熟不良现象。以免种子发芽率参差不同,影响实验效果。

(2)催芽时应避光,温度宜控制在 23 ~ 28℃。各处理宜放于一起,避免环境条件差异造成误差。

Ⅱ. 城市污水水质分析

一、化学需氧量的测定

在一定条件下, 水中能被重铬酸钾氧化的污染物质以氧的毫克 / 升表示,称为化学需氧量,简写为 COD。

工业废水中如含有抑制生物活动的有毒物质,在进行生化需氧量测定有困难时,常用化学需氧量评价水质的污染程度。

【实验原理】

水中化学需氧量的测定,是根据重铬酸钾法的氧化还原反应,用重铬酸钾作氧化剂。在酸性溶液中,重铬酸钾的氧化作用按下列反应式进行:

$$C_{r2}O^{2-} + 14H^{+} + 6e^{-} \rightarrow 2C_{r}^{+3} + 7H_2O$$

【实验试剂】

浓硫酸,分析纯。

结晶硫酸银,分析纯,保存于暗处。

试亚铁灵指示剂:溶解 1.485g 菲那索罗林(1,10–phenanthoroline)与 0.695g 硫酸亚铁($FeSO_4 \cdot 7H_2O$)于蒸馏水中,并稀释到 100ml。

标准重铬酸钾溶液,0.2500N:将预先在 105 ~ 110℃下烘至恒重的分析纯重铬酸钾 12.258g,溶解于蒸馏水中。然后移入 1L 的容量瓶中,并稀释到刻度。

标准硫酸亚铁铵溶液 0.2500N: 溶解 98g 分析纯硫酸亚铁铵于蒸馏水中,加 20ml 浓硫酸,待冷却后移入 1L 的容量瓶中,并稀释至刻度。再用标准重铬酸钾标定，并校正至 0.2500N。标定手续如下：

加 25ml（0.2500N）标准重铬酸钾溶液于 500ml 的锥形瓶中，用蒸馏水稀释至 250ml，再加 20ml 浓硫酸，放冷后加 2～3 滴试亚铁灵指示剂，用硫酸亚铁铵标准液滴定至溶液颜色由蓝绿刚变到红蓝为止。记录所消耗的体积毫升数，用 V 表示。

则，硫酸亚铁铵的当量浓度$=\frac{25\times 0.2500}{V}(N)$。

【实验步骤】

（1）准确量取 50ml 水样（原水样太浓可用蒸馏水进行适当稀释）装于烧瓶中，再准确加入 25ml 标准重铬酸钾溶液，和 75ml 浓硫酸（缓慢地加，每次加少许后都要摇动混合），再加 1g 硫酸银，和几颗玻璃珠或几块浮石，以防加热时爆溅。

（2）接上回返冷凝管，加热煮沸 2h，冷却后将瓶中溶液倒入 500ml 的锥形瓶中，用蒸馏水洗烧瓶和冷凝管 4～5 次，洗涤液并入锥形瓶中。

（3）锥形瓶中的溶液用蒸馏水稀释至约 350ml，加 2～3 滴试亚铁灵作为指示剂，用硫酸亚铁铵标准溶液滴定过量的未起反应的重铬酸钾至溶液由蓝绿变到红蓝为止（水样经反应后的 pH 值，即使经稀释后也较滴定标准溶液的 pH 值为高，因此它的终点变化常不如滴定标准溶液时容易观察）。

（4）按照同一手续进行空白试验，即取蒸馏水代替水样，其他操作步骤均与测定水样相同。

（5）计算测定结果并简单分析。

计算办法：

$$\text{化学需氧量(COD)(毫克/升)}=\frac{(a-b)\times N\times 8\times 1000}{V}$$

式中：a——硫酸亚铁铵标准溶液滴定空白试验时所用的毫升数；

b——硫酸亚铁铵标准溶液滴定水样时所用的毫升数；

N——硫酸亚铁铵标准溶液的当量浓度（0.2500N）；

V——水样体积毫升数；

8——氧的当量。

【注意事项】

（1）化学需氧量的测定与高锰酸钾耗量一样，也是在一定反应条件下的试验结果，所以向水样及空白试验中加各种试剂时，都应按照同样次序进行。

（2）用此法测定需氧量时，如有机物属于直链化合物，并用硫酸银作催化剂时，85%~95%的直链化合物能被氧化。但苯环和杂环化合物如苯、甲苯、吡啶等，则不被氧化。

(3)在加热过程中,如溶液由黄色变为绿色,说明水样太浓,需氧量太高,重铬酸钾量不够,应将水样重新稀释后再作测定。

二、生化需氧量的测定

生化需氧量是指水被有机物污染时,由于微生物的作用,有机物发生生物化学过程,在有溶氧情况下氧化一升污水中所含全部可生化的有机物所需要的氧量,称为生化需氧量,简称为BOD。

在生化过程中,水中所含的溶解氧渐渐减少,当氧化作用进行得很快而水体从空气中吸收的氧(或称复氧)不能补充其消耗时,水体的溶解氧就不断减少,最后甚至完全消失,在这种情况下厌气菌开始繁殖并活跃,水中有机物发生腐败使水体恶化变质。

生化过程一般可分两个阶段,第一阶段为碳化阶段,即含碳有机物(一般指碳水化合物)完成生化的分阶段,在20℃下约需20天。第二阶段为硝化阶段,即含氮化合物(一般指蛋白质类化合物)完成生化的阶段。硝化作用较慢,复氧速度等于或大于耗氧速度。此阶段一般不予注意。但目前水体都受不同程度的工业废水污染,有些工业废水有毒,排入水体后在未稀释到一定程度时,对生物繁殖有抑制作用。这时在测定生化需氧量时,可以看出不同稀释倍数的生化需氧量值不同。稀释数越大,生化需氧量越高。所以测定含毒污水时,必须注意对毒物的稀释倍数。一般达到最大的生化需氧量时,可以认为水中毒物已被稀释到没有抑制生化过程的程度。如已知水中毒物的种类和数量,也可参考地面水有毒物允许含水量标准进行稀释。

生化过程进行完全需要很长时间,目前都以五天的生化需氧量(BOD_5)作为检验指标。这是因为对于一般污水经过五天生化过程,碳化已进行大半,硝化也已开始,大量吸氧阶段已经过去。用BOD_5作为评价水质的标准,长期以来为国内外一致采用。

【实验原理】

测定污水的五天生化需氧量(BOD_5)与溶解氧一样,都是应用碘量法的氧化还原作用。将污水样适当稀释,确保其中含有足够的溶解氧,能满足五天生化需氧量的要求。先测定稀释污水的当天溶解氧量,将另一瓶同样稀释的污水,在20℃培养箱中培养五天,测定其五天后的溶解氧量。该两次溶解氧量之差,即等于五天的生化需氧量。反应过程与溶解氧完全相同。

在测当天溶解氧时,如发现锰酸锰沉淀,颜色呈浅黄甚至变白,说明溶解氧不够,稀释倍数太小,应重新加大稀释倍数。

【实验材料与设备】

1. 稀释水

作为生化需氧量的稀释水应具备以下条件：

(1)含有微生物繁殖所需要的营养盐。

(2)含有发生生化过程的微生物。一般受生活污染或未经高温过程及含毒量不高的工业废水中都含有此类微生物。否则应在稀释水中加一些生活污水，作为微生物的接种。

(3)适当的pH值，使生化过程得以顺利进行。

(4)稀释水五天生化需氧量不大于0.2mg/L。稀释水的配制方法：在1L蒸馏水中加入下列盐类各1ml，作为生物的营养盐和pH值调节剂，并利用水射器进行充分曝气，使水中溶解氧含量接近饱和。各种营养盐和缓冲剂的配制如下：

硫酸镁($MgSO_4 \cdot 7H_2O$)溶液：称22.5g化学纯硫酸镁溶于蒸馏水中，移入容量瓶并稀释至1L。

氯化铁($FeCl_3 \cdot 6H_2O$)溶液：称0.25g化学纯氯化铁溶于蒸馏水中，移入容量瓶并稀释至1L。

氯化钙($CaCl_2$)溶液：称27.5g化学纯氯化钙溶于蒸馏水中，移入容量瓶并稀释至1L。

磷酸盐缓冲溶液：称8.5g磷酸三氢钾、21.75g磷酸氢二钾、33.4g磷酸氢二钠和1.7g氯化铵溶于蒸馏水，移入容量瓶并稀释至1L。此溶液的pH值约为7.2。

用蒸馏水配成的稀释水中，有时因为用了金属冷凝器而使水泥中含有铜和铅，稀释水中铜和铅的含量分别不能超过0.5mg/L，否则会抑制微生物的生长。其pH值应在7.2~8.0之间。

2. 硫　酸

硫酸锰或氯化锰溶液，碱性碘化钾溶液，重铬酸钾标准溶液，硫代硫酸钠标准溶液，淀粉溶液等的配制，都与溶解氧测定中所用的试剂相同。

3. 污水瓶

专用于测生化需氧量的污水瓶，体积约300ml，磨口玻璃瓶塞必须严密，不能漏气。玻璃应为优质硬玻璃，污水瓶口上有一盛水的小皿，当塞上瓶塞后，小皿中盛水保持水封，使空气不致进入水中。

【实验步骤】

根据排放情况，取摇匀后的污水或摇匀静置1~2h的污水水样，用稀释水稀释。稀释的倍数根据几次试验后确定。但为了有个大概数字，可先假定生化需氧量是耗氧量的几倍，然后再求稀释倍数。例如耗氧量为200mg/L，假定五天生化需氧量是耗氧量的 0.8~1.2 倍,则生化需氧量约在 160~240mg/L之间。稀释水中20℃饱和溶解氧含量约为 9mg/L,一般约在 8mg/L左右。经过五天培养后,为使测定结果比较正确,要求水中剩余的溶解氧还有约一半即 4mg/L左右,也就是经过稀释以后的污水,其五天生化需氧量约为 4mg/L。如上假定原污水的五天化需氧量为 160~240mg/L。则稀释倍数应为 $\frac{160}{4}$~$\frac{240}{4}$,即 40~60 倍。这个倍数还仅是初步估计,要掌握恰当的稀释倍数,还需对一种污水经过一段时期的试验才能确定。试验时一般作三个不同稀释倍数,取平均结果作为测定值。

稀释步骤:在一升容量瓶中,用虹吸管注入稀释水至半满,然后用移液管精确加入适量污水,移液管的尖端应插入稀释水液面下,再加稀释水至标线,塞紧瓶塞摇匀。如要求稀释几十至几百倍,则这样的稀释手续需要重复几次。按照估计污水的生化需氧程度,稀释三个不同倍数,如 30、40、50 倍。把稀释好的污水及未加污水的空白试验稀释水,用虹吸法注入污水瓶子中直到瓶口。每种稀释倍数和空白稀释水各加两瓶。用虹吸法是为了减少空气泡进入水中。如已有气泡进入,可用瓶塞轻轻敲击瓶壁使气泡上升除去。每两瓶中,一瓶用来测定当天的溶解氧量,另一瓶放在 20℃培养箱中培养五天,测定五天后的溶解氧量。

溶解氧的测定与前文溶解氧测定步骤相同。

计算测定结果并简单分析

计算办法:

$$\text{生化需氧量}(O_2,\text{毫克/升})=\frac{[(V_0\times N-V_5\times N)-(V_0'\times N-V_5'\times N)]\times 8\times 1000}{100}\times a$$

式中:

V_0——测定当天稀释污水溶解氧时,所消耗的标准硫代硫酸钠溶液(毫升);

V_5——测定五天后稀释污水溶解氧时,所消耗的标准硫代硫酸钠溶液(毫升);

V_0'——测定当天空白试验稀释水溶解氧时,所消耗的标准硫代硫酸钠溶液(毫升);

V_5'——测定五天空白试验稀释水溶解氧时,所消耗的标准硫代硫酸钠溶液(毫升);

N——为硫代硫酸钠标准溶液的当量浓度,即 0.02500N;

8——氧的当量;

100——测定溶解氧时所取稀释水样(毫升)。

【注意事项】

(1)稀释水温度应在 20℃,冬季低于 20℃时应预热,夏季高于 20℃时应冷却。

(2)水样培养时,应注意水封口经常保持有水,培养箱温度要求保持在 20±1℃。

(3)水样中若含有游离酸或碱，应预先中和，再进行稀释培养。可用麝香草酚蓝作指示剂，预先用盐酸或碳酸钠中和。

(4)如水样中含有游离氯大于 0.1 毫克 / 升，应加入硫酸钠或硫代硫酸钠还原除去。其用量可先取 100ml 污水于碘瓶中，加入 1ml 1%硫酸，1ml 10%碘化钾溶液，摇动均匀，此时碘被游离，再用标准硫代硫酸钠溶液或亚硫酸钠溶液滴定。用淀粉溶液作指示剂。其反应如下：

$$Cl_2 + 2KI \rightarrow 2KCl + I_2$$

$$I_2 + 2Na_2S_2O_3 \rightarrow Na_2S_4O_6 + 2NaI$$

根据 100ml 污水，所需要的硫代硫酸钠或亚硫酸钠溶液量，再在所需稀释用的污水中，计算并加入应该加入的硫代硫酸钠或亚硫酸钠或亚硫酸钠溶液量。

(5)水样中含有亚硝酸盐(以 NO_2^- 计)大于 0.1 毫克 / 升时，将影响滴定结果，应予除去。除去方法与测定溶解氧时消除亚硝酸盐干扰的方法相同，即在用浓硫酸溶解沉淀之前，在水样瓶中加入数滴垒氮化钠溶液，也可在配制碱性碘化钾溶液时，加入 1%垒氮化钠，与碱性碘化钾同时加入。

(6)如水样中含有亚铁盐，则每 $1mgFe^{2+}$ 要降低 0.14 毫克溶解氧($2FeO + \frac{1}{2}O_2 \rightarrow Fe_2O_3$，$\frac{8}{55.8} = 0.14$)应加高锰酸钾氧化除去干扰，多余的高锰酸钾加草酸除去。如含有多量 Fe^{2+} 时，高锰酸钾氧化不易完全，加草酸除去多余高锰酸钾时，由于铁盐存在，在光亮处作用很慢，有时需要数小时，宜在暗处。此时也可加入 40%的氟化钾溶液 2ml 与铁络合。$Fe^{2+} + 6F^- \rightarrow [FeF_6]^{4-}$ 是稳定络合物，可去除 Fe^{2+} 的干扰。

三、污染水体中氨氮的测定

当水中氨氮的含量小于 1 毫克 / 升时，用容量法测定，误差较大，需采用纳氏比色法测定。

【实验原理】

水中的游离氨或铵盐，与纳氏试剂作用，由于氨浓度不同，反应生成淡黄色到红棕色的氨基汞络合离子的碘衍生物 $[Hg_2O \cdot NH_2]I$ 或 $NH_2Hg \cdot IhgO$。如氨含量大时，则生成红褐色沉淀，故氨氮含量大于 1 毫克 / 升时，亦不能用比色测定。氨与纳氏试剂的反应如下：

$$2K_2[HgI_4] + NH_3 + 3KOH \rightarrow 2H_2O + 7KI + [Hg_2O \cdot NH_2]I$$

按颜色深浅的程度，与标准铵盐溶液在同一条件下制备的标准比液，进行比较。

【实验材料与设备】

1. 实验仪器

分光光度计 72 型或其他型号。

50ml 的带塞纳氏比色管 12 支。

2. 实验试剂

(1)纳氏试剂;称取 50g 分析纯碘化钾(KI)溶于 35ml 不含氨的蒸馏水中,加入饱和分析纯氯化汞($HgCl_2$)溶液并不停搅拌,直到产生的朱红色沉淀不再溶解为止。另取 140g 分析纯氢氧化钠溶于不含氨蒸馏水中,稀释至 400ml,加入上述溶液中,再用不含氨蒸馏水稀释至 1L。静置 24h 倾出上层澄清液于棕色瓶中,并用橡皮塞塞紧,将沉淀物弃去。

(2)氯化铵标准溶液:称取 3.8190g 干燥的保证试剂或分析纯氯化铵(NH_4Cl),溶于不含氨蒸馏水中,移入 1L 容量瓶,稀释至刻度。混合均匀后,吸取 10.0ml 上述溶液于 1L 容量瓶中,用不含氨蒸馏水稀释至刻度。此溶液 1.000ml 含氨氮(以 N 表示)0.0100mg,或含氨(以 NH_3 表示)0.0129mg。

(3)酒石酸钾钠溶液:称取 50g 化学纯酒石酸钾钠($KMnC_4H_4O_6 \cdot 4H_2O$)溶于 100ml 蒸馏水中,煮沸,使体积减小约 20ml 或至不含氨时为止。冷却后稀释至 100ml。

【实验步骤】

(1)取含氨的澄清水样 50ml 于 50ml 的纳氏比色管中(或取适量水样用不含氨蒸馏水稀释至刻度)。

(2)另取 50ml 的纳氏比色管数支,分别加入氯化铵标准溶液 0,0.2,0.4,0.6,0.8……10.0ml,然后用不含氨蒸馏水稀释至 50ml。

(3)向所有各比色管中顺序加 0.5ml 酒石酸钾钠溶液,混合均匀后,加入 1ml 纳氏试剂,摇匀,放 10min 后与标准比色系列进行目视比色测定。如用光电比色计,则用蓝色滤光片;如用分光光度计,则用 420 纳米波长测定光密度。

(4)计算测定结果并简单分析。

计算办法:

$$\text{氨氮(以氮计,毫克 / 升)} = \frac{\text{氯化铵标准液用量毫升} \times 0.01 \times 1000}{\text{水样体积毫升}}$$

【注意事项】

(1)水样应为澄清溶液。如在测定过程中发现浑浊,可能由于 S^{2-}、Ca^{2+}、Mg^{2+}、Fe^{3+} 等离子的干扰。Ca^{2+}、Mg^{2+}、Fe^{3+}可用酒石酸钾钠络合隐蔽。S^{2-} 可用 10%硫酸锌和50%氢氧化钠沉淀去除。

(2)如水样中含有余氯,由于它能与氨结合生成氯胺,使测定结果偏低。应在测定前加等当量的亚硫酸钠去除。

(3)如水样无色但浑浊,可在 100ml 水样中加入 1ml 2%硫酸铝溶液,混匀沉淀后，取上层清液进行比色测定。

【结果分析】

通过统计分析，探讨城市污水对作物种子萌发率的影响，及水体中 COD、BOD 和氨氮与作物种子萌发率的相关性。

（王友保）

参考文献

[1] 北京师范大学，华东师范大学. 动物生态学实验指导[M]. 北京：高等教育出版社，1983.

[2] 曹凑贵，张光远，王运华. 农业生态系统养分循环研究概况[J]. 生态学杂志，1998，17(4)：26—32.

[3] 陈欣，章熙谷，李萍萍. 持续农业的理论基础——农业生态系统原理[J]. 生态学杂志，1997，16(3)：55—57，38.

[4] 方淑荣. 以沼气为纽带的生态农业循环经济模式[J]. 农业与技术，2007，27(2)：136—139.

[5] 付必谦、张峰、高瑞如. 生态学实验原理与方法[M]. 北京：科学出版社，2006.

[6] 付荣恕，刘林德. 生态学实验教程[M]. 北京：科学出版社，2004.

[7] 关松荫. 土壤酶及其研究法[M]. 北京：农业出版社，1987.

[8] 环境污染分析方法编辑组. 环境污染分析方法[M]. 北京：科学出版社，1980.

[9] 孔繁翔，尹大强，严国安，等. 环境生物学[M]. 北京：高等教育出版社，2000.

[10] 李博，杨持，林鹏.生态学[M]. 北京：高等教育出版社，2000.

[11] 李文华，赵景柱. 生态学研究回顾与展望[M]. 北京：气象出版社，2004.

[12] 林育真. 生态学[M]. 北京：科学出版社，2004.

[13] 毛伟伟，都华，张绵，等.关于生态居住小区的内涵及其评估指标体系的研究[J]. 辽宁大学学报，2007，34(1)：61—65.

[14] 内蒙古大学生物系. 植物生态学实验[M]. 北京：高等教育出版社，1986.

[15] 曲仲湘，吴玉树，王焕校，等.植物生态学[M]. 北京：高等教育出版社，1983.

[16] 邵孝侯，朱亮，姜谋余. 生态学导论[M].南京：河海大学出版社，2005.

[17] 宋永昌，由文辉，王祥荣. 城市生态学[M]. 上海：华东师范大学出版社，2000.

[18] 苏智先，王仁卿.生态学概论[M]. 北京：高等教育出版社，1993.

[19] 孙儒泳，李庆芬，牛翠娟，等. 基础生态学[M]. 北京：高等教育出版社，2002.

[20] 孙儒泳.动物生态学原理[M].第三版. 北京：北京师范大学出版社，2001.

[21] 索思伍德. 罗河清，等，译.生态学研究方法[M].北京：科学出版社，1984.

[22] 王伯荪，余世孝，彭少麟，等.植物群落学实验手册[M]. 广州：广东教育出版社，1996.

[23] 王焕校. 污染生态学[M]. 北京:高等教育出版社,2000.

[24] 王梦虎,施光孚,严旬. 自然保护区工作指南[M]. 北京:中国林业出版社,1990.

[25] 王如松,周启星,胡聃,等. 城市生态调控方法[M]. 北京:中国气象科学出版社,2000.

[26] 杨持,等. 生态学实验与实习[M]. 北京:高等教育出版社,2001.

[27] 张宝生,杨静秋,姜学芬,等. 生态农业技术案例[M]. 北京:高等教育出版社,1999.

[28] 张坤民,温宗国. 城市生态可持续发展指标的进展[J]. 城市环境与城市生态,2001,14(6):1—4.

[29] 张志良. 植物生理学实验指导[M]. 北京:高等教育出版社,2001.